HAYMON verlag

Daniel hatte eigentlich vor, nur für einen kurzen Besuch zu seinen Verwandten aufs Land zu kommen. Dort hält die rüstige Klara den Alltag am Laufen, kümmert sich um den dementen Alfred und Nachbar Heinz, der nach einer Krebserkrankung nur noch mit Hilfe eines Sprachcomputers kommunizieren kann. Unterstützung nehmen sie nur von Maria an, Heinz' Tochter und Daniels Kindheitsfreundin. Erschüttert von den Verhältnissen in der Alters-WG, setzt Daniel sich in den Kopf, gemeinsam mit Maria das Leben der drei zu verbessern – und bringt damit eine sensible Ordnung ins Wanken. Seinen alternden Angehörigen helfen, ohne ihnen dabei die Autonomie zu rauben? Ist das überhaupt möglich?

Das Bedürfnis zu unterstützen, Selbstzweifel, die Konfrontation mit körperlichem Verfall: David Fuchs nähert sich diesem emotionalen Drahtseilakt mutig ironisch, dabei stets behutsam an. In präziser Sprache und feinen Beobachtungen bringt er uns in absurden Momenten zum Lachen, in tragischen zum Innehalten, und fängt die belebende Magie einer jungen Liebe ein.

David Fuchs

Leichte Böden

Roman

Die Drucklegung erfolgte mit freundlicher Unterstützung der Abteilung Kultur und Bildung der Stadt Linz und der Direktion Kultur des Amtes der Oberösterreichischen Landesregierung.

MIX
Papier aus verantwortungsvollen Quellen
FSC® C083411

Auflage:
4 3 2 1
2023 2022 2021 2020

HAYMON verlag
Innsbruck-Wien
www.haymonverlag.at

ISBN 978-3-7099-3492-0

Buchinnengestaltung nach Entwürfen von: himmel. Studio für Design und Kommunikation, Innsbruck / Scheffau – www.himmel.co.at
Umschlag: hißmann, heilmann, hamburg
Umschlagabbildung: plainpicture / Reilika Landen
Satz: Da-TeX Gerd Blumenstein, Leipzig
Autorenfoto: Haymon Verlag / Fotowerk Aichner

Gedruckt auf umweltfreundlichem,
chlor- und säurefrei gebleichtem Papier.

abwesenheit von hagebutten
im beschwerdebild einer landschaft
baumbestand, bausubstanz,
kaum bewuchs.
die groben poren eines dorfs,
seine leichten böden:
da hatten wir damals rhabarber gegessen.

1

Wer konnte auch ahnen, dass genau hier, genau jetzt, ein Polizeiauto vorbeikommen würde?

Es ist ja sonst nicht meine Art. Daniel Kobicek pinkelt nicht nachts an Bahnhofswände. Es sei denn, er muss.

Es ist nicht meine Schuld. Ich kann nichts dafür, dass die Toilette im Zug kaputt war, kann nichts dafür, dass der Bahnhof in diesem Nest nachmittags schließt und Maria mich nicht abholen kommt.

Maria, Mary, Maria, warum konntest du nicht früher kommen?

Um ein Haar hätte ich mir in die Hosen gemacht. Diesem Polizisten ist wirklich nichts zu dumm, sogar das Blaulicht hat er eingeschalten. Anstatt mich in Ruhe pinkeln zu lassen, zwingt er mich abzuschütteln und einzupacken, und ich spüre, wie meine Unterhose nass wird. Vielen Dank, liebe Polizei.

Man wird wohl an eine Wand urinieren dürfen, ohne Blaulicht. Wie ein Verbrecher fühlt man sich.

Bis vor ein paar Minuten ging es mir eigentlich gut. Bis vor ein paar Minuten war mein einziges Problem aber auch der Klapptisch im Zug.

Ich habe versucht, meinen Laptop darauf abzustellen. Aber der Tisch war zu klein, weil die Tische im Zug nicht zum Arbeiten gemacht sind.

Ich habe also den Laptop auf meinen Schoß gestellt, aufgeklappt und dann, erst dann, habe ich mich erinnert, dass ich nichts zu arbeiten habe. Ich habe gar nichts mehr zu arbeiten, und das ein ganzes Jahr lang. Ein ganzes Jahr habe ich frei. Es ist ein Sabbatical, das ich nicht wollte, und man hat es mir genehmigt, obwohl ich es nicht beantragt habe.

Es geht mir, wie gesagt, gut. Ich bin nicht todkrank, nicht einmal ein bisschen, nicht depressiv, und ich habe auch niemanden verloren. Ich habe keine Probleme, und das ist ein Problem. Das mag seltsam klingen, aber was macht man in einem Sabbatical, wenn man keine Probleme hat?

Ein Buch schreiben vielleicht, aber das liegt mir nicht, ich lese nicht einmal gerne, und ich glaube auch nicht, dass die Welt auf noch ein Buch eines gelangweilten Lehrers gewartet hat. Obwohl ich, strenggenommen, kein Lehrer bin, sondern Biologe. Doktor Daniel Kobicek, promovierter Biologe, der zufällig unterrichtet, aber kein Lehrer. Das macht einen himmelweiten Unterschied.

Also, das Sabbatical, der Zug und das Ziel: ein Besuch bei Tante Klara, die eigentlich meine Großtante ist, der Bahnhof, das Dorf, und Mary, Maria von früher, Maria mit dem seltsamen Vater, Maria, die mich abholen sollte und die nicht kommt, und jetzt das Polizeiauto hinter mir und das Blaulicht.

Ich drehe mich um. Der Polizist ist ausgestiegen, aber ich kann ihn wegen der Scheinwerfer kaum erkennen. Er kommt auf mich zu.

„Huhu“, sagt er mit hoher Stimme.

Jetzt wird er auch noch frech.

„Huhu“, sage ich.

Den Polizisten schüttelt es vor Lachen. „Kobi, du solltest dein Gesicht sehen“, sagt er. Sagt sie. Eine Frauenstimme.

Es ist kein Polizist, es ist eine Polizistin, es ist Maria, meine Nintendo-Mary, Maria von früher. Was soll ich jetzt sagen? Ich habe keine Ahnung.

„Hallo Mary“, sage ich.

Sie lacht noch einmal.

„Nicht lustig“, sage ich.

„Das ist eine Verwaltungsübertretung.“

„Das ist eine Frechheit.“

„Eine ziemlich lustige Verwaltungsübertretung. Bist du fertig?“

„Mit was?“

„Vergiss es, steig ein.“

Ich bin noch nie vorne in einem Polizeiauto gesessen. Ich bin überhaupt noch nie in einem Polizeiauto gesessen.

„Schnall dich an, sonst kommt die Polizei.“ Maria legt den Gang ein und wir fahren los.

Ich mag es nicht, wenn man sich Witze auf meine Kosten erlaubt, aber ich kann nichts sagen, immerhin holt

Maria mich vom Bahnhof ab, und es wäre unhöflich, sie anzuschnauzen, auch wenn sie es verdient hätte.

Ich glaube, ich habe Maria zuletzt vor sechzehn Jahren gesehen, bei Opa Kobiceks Begräbnis, da war sie noch in Ausbildung. Und jetzt fährt sie schon alleine nachts herum und erschreckt Pinkler am Bahnhof.

Opa Kobicek war Tante Klaras Bruder. Als ich noch ein Kind war, waren wir oft zu Besuch bei ihr, weil sie ein Haus am Land hatte und nicht so eine kleine Stadtwohnung wie Opa. Ich habe damals fast jedes Wochenende und die Ferien mit Maria verbracht, aber wir haben uns aus den Augen verloren, weil mich als Teenager die viele Besuche bei Tante Klara nicht mehr interessiert haben.

„Entschuldige", sagt Maria, „ich wollte dich nicht erschrecken."

„Holst du deine Freunde immer mit dem Polizeiauto ab?"

„Nur, wenn meine Freunde zu spät ankommen und meine Schicht schon begonnen hat."

„Entschuldige."

„Du hättest anrufen können."

„Habe ich versucht, aber die Nummer war nicht mehr aktuell."

Sie blinkt und biegt auf die Bundesstraße ab. „Warum besuchst du Klara?"

„Wegen dem Auto. Ich will den Porsche holen."

„Das ist wirklich dein Porsche in der Garage?"

„Woher weißt du davon?"

„Ich wohne wieder neben Klara, im alten Haus. Aber wie kannst du dir einen Porsche leisten? Was arbeitest du?“

„Ich arbeite gerade nicht.“

Den Porsche habe ich mir gekauft, damals, in der Frankfurter Zeit. Ich habe ihn dann bei Tante Klara eingestellt, weil sie eine Garage hat, die sie nicht benutzt. Ich war seit Jahren nicht dort, weil ich zu viel Stress und keine Lust hatte. Tante Klara hat sich nicht beschwert.

„Wie, du arbeitest gar nicht?“

„Ich habe ein Jahr frei.“

„Aha. Und warum hast du so lange frei?“

„Einfach so, ein Sabbatical.“

„Ein was?“

„Sabbatical. Man bekommt fünf Jahre lang nur achtzig Prozent Gehalt und das fünfte Jahr ist frei.“

„Cool.“

„Na ja.“

„Und was willst du in deinem Sabbatical machen?“

„Erstmal den Porsche holen und dann irgendwo hinfahren.“

„Wohin?“

„Weiß nicht, Frankreich vielleicht oder Italien, aber ich weiß es eigentlich nicht.“

„Und was machst du, wenn du nicht gerade ein Jahr frei hast?“

„Ich bin Biologe.“

„Cool. So richtig, im Labor?“
„Ich unterrichte an einer Schule.“
Sie lacht. „Also Biolehrer?“
„Biologe.“

2

„Du solltest nicht unter dem Baum parken", sage ich.

„Warum soll ich nicht unter dem Baum parken?"

„Wegen der Ringlotten."

Seit mein Vater vor vielen Jahren, als er noch Auto fahren konnte, einmal im Sommer unter dem Baum geparkt hat und reife Ringlotten auf dem Autodach und der Windschutzscheibe eingetrocknet sind, weiß ich: bei Tante Klara immer an der Hauswand parken, möglichst nah an der Hauswand, so nah, dass man kaum mehr aussteigen kann.

„Im Oktober gibt es keine Ringlotten, Herr Professor." Maria stellt den Motor ab. „Ich bring dich rein."

„Ist nicht nötig, danke."

„Doch, mache ich gerne."

„Bist du öfter hier?"

Maria steigt aus. „Ich wohne wieder nebenan."

„Entschuldige, das sagtest du ja schon. Wohnst du bei deinem Vater?"

„Heinz ist ausgezogen", sagt sie, „er wohnt jetzt bei Klara."

Meine Augen tränen, weil mir beim Aussteigen der Wind ins Gesicht bläst. Maria fröstelt trotz ihrer Uniformjacke. Wir gehen zum Haus. Hoffentlich macht jemand auf. Es ist spät, es brennt kein Licht und es sind alte Leute, die gehen früh ins Bett. Ich versuche es trotzdem und drücke auf die Klingel. Im Haus hört man eine Melodie, ein paar Sekunden eines klassischen Musikstücks, von dem ich weiß, dass ich es kennen sollte, das ich aber nicht zuordnen kann. Niemand öffnet. Ich läute noch einmal, und wieder: nichts.

Ich läute noch ein drittes Mal. Nicht einmal Licht geht an, obwohl ich eigentlich schon jemanden aufgeweckt haben müsste.

„Können wir nicht über dein Haus rein?" Die beiden Häuser sind über einen gemeinsamen Stall verbunden.

„Hab den Schlüssel auf der Wache gelassen", sagt Maria. „Aber wir können auch durch die Garage rein."

„Den Garagenschlüssel hast du mit?"

„Die Garage ist immer offen."

„Immer offen?"

„Ja, und?"

„Na ja, mein Porsche steht da drin."

„Hier stiehlt niemand etwas."

„Dein Wort in Gottes Ohr. Aber du musst es ja wissen."

Wir gehen rüber zum Garagentor. Es hat große Flügel, die sich leicht öffnen lassen.

Ich will nicht wie ein Einbrecher wirken. Obwohl, ein Einbrecher mit einer Polizistin als Begleitung, das hätte schon was.

„Hallo, ich bins, Daniel", rufe ich ins Haus. Es kommt keine Antwort.

Rechts hinter dem Tor ist ein Drehschalter, der mit einem Klicken einrastet, als ich Licht mache.

Es hat sich nichts verändert: die Werkbank links an der Wand, das Gartenzeug rechts und Klaras Messer zum Schneckenjagen neben dem Kübel in der Ecke auf dem Holzschemel.

Der Porsche ist mit einer Plane zugedeckt. Ich klopfe beim Vorbeigehen auf das Dach. „Morgen", sage ich, „morgen machen wir eine Ausfahrt."

Ich gehe zur Türe, die ins Vorzimmer führt, und öffne sie. „Hallo", rufe ich in den Gang, „hallo?" Ich gehe zur Stiege in den ersten Stock.

Von oben höre ich Schritte.

„Tante Klara, ich bins, Daniel." Ich höre keine Antwort, aber die Schritte kommen näher.

Ich erkenne Heinz an seinem Atmen. Es macht ein schnarrendes Geräusch, wenn er einatmet, und aus seinem Hals ragt ein Hartplastikschlauch. Den Schlauch hat er schon lange, seit seiner Krebserkrankung. Heinz war mir aber auch vor dem Atemschlauch unheimlich. Er war immer schon ein alter Mann mit gebeugtem Gang, mit Bartstoppeln, die in alle Richtungen abstanden, und mit langen, gelben Fingernägeln, von denen er manche spitz zugefeilt hatte. Wirklich unheimlich für uns Kinder war aber, dass er irgendwo in seinem Haus einen echten Revolver versteckt gehalten hat.

„Hallo Heinz", sage ich.

Heinz sagt nichts. Er hält ein Tablet in seiner rechten Hand, klappt die Schutzhülle auf und tippt.

Aus den Lautsprechern des Tablets kommt eine Stimme.

> Hallo.

„Ich wollte dich nicht erschrecken“, sage ich.

Maria sagt nichts. Heinz tippt.

> Hast du nicht. Hallo, liebe Tochter.

Maria antwortet nicht. Heinz tippt, sie winkt ab und öffnet die Haustüre.

„Ich muss dann.“

Heinz klappt das Tablet zu und klemmt es sich unter den Arm.

„Warte, mein Koffer ist noch im Auto“, sage ich und wir gehen hinaus zum Polizeiauto.

„Alles okay?“, frage ich.

„Alles okay.“

„Du bist schnell rausgelaufen.“

„Ich habe Dienst, ich muss weiter.“

Ich öffne die Autotür und nehme meinen Koffer. „Ist sicher alles okay?“

Sie seufzt. „Ja, alles gut.“

„Gut, dann danke fürs Abholen.“

„Ist gut.“

Ich will mich verabschieden, da dreht sich Maria um. „Warte“, sagt sie, „ich gebe dir meine Nummer.“ Sie holt ihr Smartphone aus der Tasche. „Sag mir deine Nummer.“

Ich sage ihr die Nummer und sie tippt.

Mein Handy vibriert, eine Nachricht.

– hallo

„So“, sagt sie, „jetzt hast du meine neue Nummer.“

Wir verabschieden uns und ich gehe zurück ins Haus. Ich ziehe die Schuhe aus, hänge meine Jacke an die Garderobe und folge Heinz in den ersten Stock. Der Linoleumboden auf den Stiegen ist derselbe wie früher, mit den gerillten Hartplastikkanten. Als Kind bin ich oft auf der obersten Stufe gesessen und habe meine Zehen über die Rillen geschoben, weil ich das Gefühl mochte. Ich kann es auch jetzt spüren, bei jedem Schritt, durch die Socken.

> Willst du noch was essen?

„Nein danke, nur schlafen.“

> Sie hat dir oben ein Bett gerichtet.

Im zweiten Stock ist das Mansardenzimmer. Es war als Kind mein Lieblingszimmer, weil es nur dort einen Teppichboden und ein großes Bett gab, auf dem man hüpfen durfte, soviel man wollte, und weil nur dort oben der Boden warm genug war, um darauf sitzend zu spielen. Tante Klara hat immer nur die nötigsten Räume beheizt.

> Mach es dir gemütlich.

„Danke.“

Heinz nickt und klappt das Tablet zu.

Das Mansardenzimmer sieht aus, wie ich es in Erinnerung habe: Teppichboden, unter der Dachschräge das

Doppelbett und in einem Erker ein Schreibtisch, auf dem Tisch steht meine alte Playmobil-Ritterburg. Bei Tante Klara hatte ich eigenes Spielzeug, das ich auch nicht mit nach Hause nehmen durfte. Es war aber schön, eine zweite Spielwelt zu haben, und manchmal wollte ich nur wegen der Spielsachen zu Klara fahren. Ich stelle meine Tasche ab und setze mich auf das Bett und ziehe die Socken aus. Der Teppichboden ist kratzig und ich lege meine Füße hoch.

Ich habe Hunger. Ich wollte Heinz nicht nach Essen fragen, so spät am Abend, und missmutig, wie er war. Außerdem ist Klaras Schlafzimmer neben der Küche, und ich will sie nicht aufwecken.

Ich hoffe, dass ich schlafen kann. In fremden Zimmern schlafe ich grundsätzlich schlecht, und wenn ich hungrig bin, noch schlechter.

Und es ist stickig hier oben, die Luft so staubig, dass sogar ich ein Kratzen im Hals spüre, obwohl ich nicht, wie das halbe Konferenzzimmer, eine Feinstaubneurose habe.

Das ist neu. Tante Klara war Reinlichkeit immer wichtig, und Staub auf dem Boden, das hätte es früher bei ihr nie gegeben.

3

Ein Geräusch weckt mich. Ich kann es nicht einordnen, nicht orten, muss mir erst klar werden, dass ich wohl eingeschlafen sein muss, Hunger oder nicht, und ich liege auf dem Bett und horche.

Da ist es wieder. Es klingt, als ob jemand Möbel verrücken würde. Und reden. Oder war das ein Schrei?

Kurz kommt mir der Gedanke, Maria anzurufen. Wenn es Einbrecher sind, wäre sie ja zuständig. Aber ich kann nicht wegen irgendwelcher Geräusche die Polizei holen. Es ist ein altes Haus, und in einem alten Haus kann man schon mal Geräusche hören.

Vielleicht sollte ich doch nachsehen. Ich schlage die Decke zurück und setze mich auf, gehe hinüber zum Fenster, horche noch kurz hinaus, ob das Geräusch aus dem Garten kommt. Draußen hört man nichts, nur ein Auto, weit weg.

Ich gehe hinunter in den ersten Stock, bleibe am Fuß der Stiege stehen. Die Toilettentüre geradeaus steht offen, aber der Raum ist leer. Links neben mir ist eine gepolsterte Türe. Ich lege ein Ohr daran und horche. Der Bezug fühlt sich glatt an und riecht nach Leder.

Ich werfe noch einen Blick ins Erdgeschoß, aber auch hier ist alles ruhig. Kein Geräusch. Wenn es Einbrecher waren, sind die bestimmt schon weg. Aber wahrscheinlich war es nur Heinz oder Onkel Alfred, der auf der Toilette war, oder eine Maus auf dem Dachboden. Ich sollte mich wieder hinlegen.

Jetzt kann ich garantiert nicht mehr schlafen. Ich schließe die Zimmertüre und lege mich wieder auf das Bett. Zumindest der Hunger ist weg, aber ich bin trotzdem hellwach.

Ich hole mein Handy heraus. Auf dem Display ist noch Marias Nachricht von vorhin zu sehen.

– hallo

Ich speichere die Nummer ein und schreibe zurück.

– Hallo!

– ist was?

– Ich kann nicht schlafen.

– warum?

– Da war ein Geräusch.

– was für ein geräusch?

– Keine Ahnung, es ist schon wieder vorbei.

– na dann schlaf

– Ich kann nicht schlafen. Wie geht es bei dir?

– geht so. trinke grad kaffee. dann streife.

– Und sonst?

– nichts sonst

– Wann hast du morgen frei?

– um sieben. ich komm zu mittag vorbei. du, ich muss jetzt los.

– Na dann, schönen Dienst!

– danke

– Gute Nacht!

– gute nacht

4

Es ist noch recht früh, als ich aufwache. Ich versuche, die Stiege leise hinunterzugehen. Auf halber Höhe höre ich Stimmen aus der Küche und gehe schneller. Ich bin so hungrig, ich könnte Frühstück und Mittagessen auf einmal haben.

Schon im Vorzimmer riecht es herrlich. Tante Klara macht sicher schon Spiegeleier. Eine Männerstimme ist zu hören: „Ja genau." Und dann noch einmal lauter: „Ja genau."

„Daniel", sagt Klara, stellt einen Teller mit Wurst auf den Tisch. Es klappert, wenn sie geht, weil sie immer, auch in der Küche, beige Straßenschuhe mit Absätzen trägt. Müde sieht sie aus, aber ihre Bluse ist gebügelt und die Locken sitzen akkurat.

Tante Klara läuft zur Spüle, wäscht sich die Hände, trocknet sie ab. Sie kommt zu mir und umarmt mich.

„Daniel", sagt sie, „wie lange ist das her?"

„Ein paar Jahre."

„Zu lange, zu lange."

„Ja genau", sagt Alfred.

„Setz dich", sagt Klara.

„Ja genau!"

Ich setze mich.

„Heinz", ruft Klara, „Essen ist fertig."

Aus dem Wohnzimmer kommt Heinz und setzt sich zu uns an den Tisch. Auf einem Infusionsständer neben ihm hängt ein Plastikbeutel mit einer Flüssigkeit, die wie Erdbeerjoghurt aussieht. Heinz zieht sein T-Shirt nach oben. Klara holt darunter einen Plastikschlauch hervor, schließt die Infusionsleitung an und startet den Tropf.

„Bitte, Daniel, greif zu."

Ich nehme eine Scheibe Brot. Auf dem Tisch stehen der Wurstteller, zwei Gläser mit Erdbeer- und Marillenmarmelade und Butter. Das Brot ist ein wenig trocken. Klara nimmt sich eine Scheibe und drückt sie mit Daumen und Zeigefinger zusammen.

„Ich wäre zum Bäcker gefahren", sagt sie, „aber Papa hatte ein kleines Problem, nicht wahr, Papa?"

Onkel Alfred grinst. „Ja genau."

Seit ich denken kann, nennt sie ihn Papa, und das, obwohl sie keine Kinder haben. Ich frage mich, wann der Punkt kommt, an dem sich Ehepaare nur noch mit Papa und Mama ansprechen. Und ob das vor oder nach dem Punkt kommt, an dem sie nicht mehr miteinander schlafen.

> Gibt es heute Kakao?

Heinz sieht Tante Klara an.

„Kein Kakao am Mittwoch."

Klara holt drei dunkle Glasfläschchen mit Sprühkopf aus einem Küchenkästchen und stellt sie auf Heinz' Teller. *Rindssuppe, Kaffee, Wurstwasser* steht in einer rundlichen Schreibschrift auf den Fläschchen. Heinz nimmt das Fläschchen mit der Aufschrift *Kaffee* und sprüht sich zwei Stöße in den Mund.

„Er kann nichts schlucken, die Sprays sind für den Geschmack“, sagt Klara.

„Und kein Kakaospray am Mittwoch?“

„Ja genau“, sagt Alfred.

Klara nickt. „Kakao nur an Wochenenden.“

> Ich will aber Kakao.

„Es ist Mittwoch.“

> Aber wir haben Gäste.

„Du hast gar nichts“, sagt Klara. „Alfred und ich haben einen Gast, du hast gar nichts. Und kein Kakao am Mittwoch.“

Heinz verdreht die Augen.

> So geht es dir, wenn du hier wohnst.

Klara hat es nicht gehört, oder ihn ignoriert, sie reagiert jedenfalls nicht. Alfred schüttelt den Kopf, sagt „Ja genau, ja genau, ja genau“, immer wieder. Er schüttelt den Kopf, immer wilder, lässt sein Brot neben den Tisch auf den Boden fallen. Klara steht auf, sagt kein Wort, nimmt das Brot vom Boden, legt es auf ihren eigenen Teller und wischt mit einem Geschirrtuch auf. Sie legt Alfred die Hand auf die Schulter.

„Kein Kakao am Mittwoch.“

Ich streiche mir zwei Marmeladebrote, mit viel Butter, dann nehme ich einen Schluck Kaffee. Er schmeckt verbrannt und bitter, und ich schütte mir noch einen Schluck von der dicken Kaffeemilch dazu.

„Schön, dass du es noch geschafft hast“, sagt Klara. „Wie lange hast du Urlaub?“

„Ein ganzes Jahr. Und es ist kein Urlaub, sondern ein Sabbatical."

„Ein was?"

„Ein Sabbatical. Man arbeitet vier Jahre lang für achtzig Prozent seines Gehalts und kriegt das fünfte Jahr frei."

„Schön", sagt Klara, „aber das geht auch nur bei euch Beamten."

„Ich bin kein Beamter."

„Du bist Lehrer, und alle Lehrer sind Beamte, da musst du mir gar nichts erzählen."

Ich werde ihr das mit dem Lehrer und dem Biologen und dem Unterschied zwischen den beiden nicht auch noch erklären, das versteht sie nicht.

„Bei uns war immer was zu tun", sagt Klara, „da hat es keinen Urlaub gegeben, und schon gar nicht ein ganzes Jahr."

„Ja genau", sagt Alfred.

„Schon okay", sage ich.

> Das ist zu schnell.

„Was ist zu schnell?", frage ich.

Heinz zeigt auf seine Infusion. Er sieht Klara an.

„Stell sie dir selber um", sagt sie.

Heinz macht ein mürrisches Geräusch und legt sein Tablet auf den Tisch. Er dreht an dem Plastikdrehrädchen an dem Schlauch und die Erdbeerjoghurtflüssigkeit tropft langsamer.

Ich lege die Brotrinde auf den Teller.

> Brav aufessen, ha ha ha. *Grinsendes Gesicht mit normalen Augen.*

Hat gerade das Tablet gelacht?

> Ha ha. *Zwinkerndes Gesicht.*

Tante Klara sagt nichts, räumt die Teller ab und stellt sie samt den Mundsprays und dem Wurstteller in die Küche.

Mein Handy vibriert.

– guten morgen

– Guten Morgen.

– auch schon wach?

– Du?

– noch immer

– Wann kommst du? Gehst du noch schlafen?

– wenn ich mich jetzt hinlege, ist der tag im arsch. soll ich dir was mitnehmen?

– Mitnehmen?

– ich fahr einkaufen

– Nein, danke.

„Maria kommt übrigens heute“, sage ich.

Klara nickt. „Maria kommt jeden Mittwoch, mit den Einkäufen.“

„Ich wusste nicht, dass sie wirklich Polizistin geworden ist.“

„So lange habt ihr euch nicht gesehen?“

„Ich wusste auch nicht, dass ihr Vater bei dir wohnt.“

> Der Vater hat auch ein eigenes Haus.

„Wann warst du denn zum letzten Mal dort?“, fragt Klara.

Heinz klappt sein Tablet zu, steht auf und geht ins Wohnzimmer.

5

Ich helfe Klara beim Kartoffelschälen. Sie will Kartoffelpuffer machen, und ihre Finger schmerzen. Sie würde es nie zugeben, aber man konnte es deutlich sehen, weil sie nach jeder Kartoffel den Schäler weggelegt und sich die Fingergelenke massiert hat. Jetzt schäle ich, und sie beobachtet jeden meiner Handgriffe.

Ich würde lieber zum Porsche und eine Runde fahren, aber ich kann nicht in der Garage verschwinden, während sie sich abmüht.

Alfred schläft in einem Lehnsessel im Wohnzimmer. Heinz liegt daneben auf der Couch, sein Tablet hat er auf dem Esstisch liegenlassen. Er zappt zwischen den zwei Regionalsendern hin und her, in denen Hobbymoderatoren über Events aus der Umgebung berichten. „Eröffnung der sanierten Lagerhausfiliale" konkurriert mit dem kommenden Adventmarkt des Altersheims, „16 bis 18 Uhr, mit Verkauf von Handarbeiten der Bewohner". Jedes Mal, wenn er versucht, auf einen anderen Sender zu schalten, macht Alfred die Augen auf und sagt „Ja genau".

Kartoffelschälen ist nicht spannender als die Lokalsender, und Klara hört noch dazu Volksmusik. Und sie meint es ernst mit dem Kochen. Die Menge an Kartoffeln, die sie mir hinstellt, reicht für mindestens acht Personen, obwohl wir – Maria eingerechnet – nur fünf sind, von denen noch dazu einer nichts essen kann.

Der Kartoffelschäler hat einen Holzgriff und die Schneiden sind stumpf. Man braucht viel Kraft, um die Schneidflächen in die Kartoffel zu drücken, und muss einen steilen Winkel wählen, wodurch dann viel an Kartoffel mit der Schale im Müll landet.

Klara wäscht noch eine Kartoffel. Der Wasserstrahl ist schwach und tröpfelt.

„Der Wasserhahn ist verkalkt", sage ich, „der sollte gewechselt werden."

Klara nickt und wäscht noch eine Kartoffel. „Ich bin noch nicht dazu gekommen."

„Seit wann wohnt Heinz hier?", frage ich.

„Seit zwei Jahren, seit Hilde tot ist."

„Hilde?"

„Seine Frau."

„Ah ja."

Ich habe kaum eine Erinnerung an Marias Mutter, nur an eine Frau, die irgendwie immer gleich alt war, immer in denselben hellblauen Kleidern, und die uns beim Nintendospielen Saft und Brote serviert hat. Aber ich kann mich an kein Gespräch mit ihr erinnern. Sie war für mich wie ein Bestandteil des Hauses.

„Woran ist sie gestorben?"

„Weiß man nicht. Sie ist ins Bett gegangen und nicht mehr aufgewacht."

„Und seither hast du Heinz hier?"

Sie nickt. „Die Mitzi ist wieder drüben eingezogen, ins Erdgeschoß, und ich habe Heinz genommen."

„Warum ist er nicht bei Maria geblieben?“

„Die muss arbeiten“, sagt Klara, „und kann keinen alten Mann versorgen.“

„Ist nicht leicht für dich, mit Alfred und Heinz, so ganz alleine, oder?“

Klara wirft einen Blick in den Senfkübel, in dem ich die Schalen sammle. „Wenn wir noch das Schwein hätten, wären die wenigstens nicht verloren“, sagt sie. „Bringst du sie zum Kompost?“

Bei dem Wort zucke ich zusammen. Ich will nicht zum Kompost. Falls ich jemals ein Haus bauen sollte, dann sicher ohne Kompost. Kein Haufen, keine Tonne, gar nichts. Biomüll, und fertig.

Als Kind war es das Schlimmste, wenn man zum Kompost gehen musste. Dort waren die scheußlichsten Tiere: große Frösche, Regenwürmer, Käfer und verschiedene Spinnen, manche mit dicken und andere mit kleinen, punktförmigen Körpern und langen Beinen. Wir haben jedes Mal gestritten, wer zum Kompost gehen musste. Nur Maria war es egal. Sie hat dort manchmal Käfer aufgesammelt, große, schillernde Tiere, die sie in der Hand zu uns getragen hat.

Einmal hat sie einen Käfer mit goldenem Rückenpanzer in eine Plastikschachtel gesperrt, bis er tot war. Sie hat ihn dann in der Schachtel herumgetragen und gesagt, das sei ihr Ritter, ihr Ritter mit der goldenen Rüstung. Der goldene Ritter musste überallhin mit, musste in seiner Schachtel sogar auf dem ferngesteuerten Auto mitfahren und als Pilot ein Flugzeug aus Lego bemannen.

Ich wollte ihn begraben. Ein Begräbnis wollte ich machen, mit Musik und einem Sarg und allem. Aber der Pilot musste weiter seinen Dienst versehen, bis Maria irgendwann wahrscheinlich das Interesse verloren hat.

Trotzdem. Ich kann Klara nicht gehen lassen, mit ihren schlechten Knien, nur weil ich als Kind ein Problem mit Insekten hatte. Auch wenn ich noch immer ein Problem mit Insekten habe. Das gibt sich nicht einfach, wenn man erwachsen wird. Ich nehme den Senfkübel und mache mich auf den Weg.

Ich gehe gerade die Stufen hinunter, da sperrt jemand von außen die Türe auf.

„Hallo Daniel", sagt Maria. Sie sieht den Senfkübel an. „Oje, der Kompost."

„Ja, der Kompost."

Sie stellt zwei Papiereinkaufstaschen ab und streckt die Hand nach dem Kübel aus.

„Gib her, ich mach das. Bringst du die Einkäufe rauf?"

„Danke." Ich nehme die Taschen. „Wie war dein Dienst noch?"

„Ganz okay."

Ich gehe die Stiege hinauf und auf halber Höhe spüre ich, wie die rechte Tasche reißt, aber es ist zu spät: Die Einkäufe fallen auf die Stiege. Mehl, Eier, Wurst, Kartoffeln – alles kullert die Stufen hinunter.

Am Fuß der Stiege mischt sich Mehl mit zerbrochenen Eiern. Ich stelle die zweite Tasche ab, setze mich auf die unterste Stufe und lege mein Gesicht in die Handflächen.

Ich pfeife auf die Weltmeere. Wirklich. Mit Papiertragetaschen passiert mir so etwas andauernd. Ich bin mir ja nicht mal sicher, ob die Plastiktaschen wirklich so viel schlimmer sind als die Mengen an Putzmitteln, die jetzt mehr verbraucht werden, wo allen die Einkaufstaschen dauernd reißen. Ganz zu schweigen von den nervlichen Auswirkungen. Das sollte man mal volkswirtschaftlich durchrechnen.

Ich schaue auf, als ich die Haustüre ins Schloss fallen höre. Maria stellt den Senfkübel ab und lacht.

„Gut, dass du die getragen hast. Jetzt hast du Tante Klara am Hals."

„Das ist nicht witzig."

„Ein bisschen schon." Maria beginnt, die Einkäufe aufzusammeln.

„Hilfst du auch mit?", sagt sie und nimmt die zwei intakten Eier aus dem Karton.

6

Klara hat recht gelassen reagiert. Sie hat nur geseufzt, den Waschlappen und den Besen geholt und geputzt.

Ich nehme den Putzkübel und wir gehen die Stiege hinauf. Klara geht langsam, obwohl sie nichts trägt, und auf halber Höhe bleibt sie kurz stehen. Sie reibt ihr linkes Knie.

„Wir werden mehr Kartoffeln brauchen“, sagt sie.

„Und wer soll die alle essen?“

„Wir brauchen mehr Kartoffeln.“

„Wie du meinst. Wo sind sie?“

„Unten im Schweinestall.“

„Maria ist noch unten, rauchen.“ Ich drehe mich um und will sie rufen.

„Nein, die Mitzi geht nicht in den Stall.“

„Warum, sie ist doch schon unten?“

„Die Mitzi geht nicht in den Stall.“

„Warum?“

„Weil ich das sage, und jetzt geh.“

Wenn sie meint. Ich will mich nicht mit ihr anlegen, obwohl es keinen Sinn macht, dass ich extra runtergehe, aber ich möchte keinen Streit anfangen.

Ich gehe die Stiege runter. Maria kommt gerade zur Türe rein und hängt ihre Jacke an die Garderobe. „Was machst du hier?“

„Ich hole Kartoffeln. Klara sagt, du darfst nicht in den Stall.“

Klara ruft von oben: „Das Mädel geht nicht in den Stall, jetzt mach schon."

Maria geht an mir vorbei. „Bis gleich."

„Ernsthaft?", frage ich. „Willst du mir nicht wenigstens helfen?"

„Ich gehe nicht in den Stall, Daniel."

„Warum?"

„Meine Sache", sagt sie und geht die Stiege hinauf.

Im Schweinestall ist es kalt und es riecht nach faulen Äpfeln. Seit ich denken kann, hat hier kein Schwein mehr gelebt, aber der Name ist geblieben. Der Stall war immer schon Vorratskammer und Abstellraum, vollgestellt mit Gerümpel, aber auch mit Regalen voller Marmelade und Weckgläsern mit Ringlotten, mit Kisten voller Äpfel und Kartoffelsäcken aus Jute.

Die Geschichten von den Schweinen kenne ich schon. Dass Opa Kobicek an Schlachttagen extra aus der Stadt gekommen ist und mit dem Blut geholfen hat. Sie haben es nach dem Halsstich mit Kübeln aufgefangen, und dann musste man rühren, damit es nicht stockt. Dazu haben sie Opa gebraucht, und manchmal auch Oma, und – als er groß genug war – meinen Vater. Alle haben gerührt, während das Schwein gestorben ist. Mein Vater kann deshalb immer noch keine Blutwurst ausstehen.

Als Kinder waren wir nur selten im Stall. Er war unheimlich, ein Platz, an dem man das Blut förmlich riechen konnte. Manchmal habe ich meinen ganzen Mut zusammengenommen und mich beim Versteckspielen hinter die Kartoffelsäcke gekauert, weil ich wusste, dass mich Maria dort nie suchen würde.

Ich schalte meine Handytaschenlampe ein. Es ist hell draußen, aber im Stall ist es dämmrig, weil es nur ein Fenster gibt und die Scheibe so blind ist, dass nur wenig Licht durchdringt. Kartoffeln mögen es dunkel und kühl.

Ich nehme eine der Holzkisten, die neben mir beim Eingang stehen, nicht ohne vorher hineinzuleuchten und nach Spinnen zu suchen.

Ich gehe nach hinten zu den Jutesäcken und greife hinein. Wenn ich dabei nicht die ganze Zeit an Spinnen denken müsste, wäre es ein schönes Gefühl, mit der ganzen Hand tief in den Sack zu greifen und die Kartoffelknollen zu spüren. Ich nehme eine Kartoffel raus, kontrolliere sie auf Spinnen und nehme noch eine heraus, und noch eine und so fort, bis meine Kiste voll ist. Ein letzter Kontrollblick, dann lege ich das Handy obenauf in die Kiste, hebe sie an und verlasse den Stall. Die Taschenlampe blendet mich, und noch auf der Stiege in den ersten Stock sehe ich tanzende Lichter.

7

„Die Kartoffeln musst du grob reiben", sagt Klara zu Maria. „Und nicht so fest drücken, da presst du den ganzen Saft raus."

„Ich reibe die Kartoffeln, wie ich will", sagt Maria. „Ist ja egal, wie die gerieben sind, das sieht doch beim Essen kein Mensch."

„Aber ich sehe das, und es schmeckt auch anders. Sie haben mehr Biss, wenn du sie richtig reibst."

Ich glaube nicht, dass das einen Unterschied macht. Aber warum sollte ich das Klara erklären, sie glaubt es ja doch nicht. Und wozu mit ihr streiten wegen Kartoffelpuffern? Ich habe Glück, ich bin fürs Schälen zuständig, und ich achte darauf, dass ich die Schalen sofort in den Kompostkübel entsorge, damit Klara sie nicht sieht.

Ich mag es nicht, mit rohen Kartoffeln zu arbeiten. Die Stärke hinterlässt eine Schicht auf der Haut, die sich anfühlt, als hätte man eine Folie um die Hand gewickelt oder würde einen zu kleinen Handschuh tragen.

Maria legt die Reibe hin. „Das ist so sinnlos, Klara."

„Mitzi, das ist nicht sinnlos", sagt Klara, „überhaupt nicht, du verstehst es nur nicht."

„Lass es", sage ich, „ich reibe, du schälst."

„Sicher nicht", sagt Klara, „du machst schon zu viel. Kochen ist Frauenarbeit."

„In welchem Jahrhundert lebst du eigentlich?“, schreit Maria und knallt eine Kartoffel mitten in den Haufen mit geriebenen Kartoffeln auf dem Schneidbrett. „Und nenn mich nicht Mitzi!“

Klara bleibt ruhig, bückt sich betont langsam, eine Hand hinten am Steiß, und sammelt die Kartoffelstückchen vom Boden auf. „Vielleicht geht ihr Kinder euch ausruhen, ich kann das alleine.“ Sie wischt sich mit beiden Händen übers Gesicht, dann die Hände an der Schürze ab.

8

Ich bin mit Maria in die Garage gegangen, damit sie sich ein bisschen abkühlen kann. Und den Porsche wollte sie ja ohnehin sehen.

Ich ziehe die Plane weg. Der Wagen ist gelb und glänzt – von etwas Staub abgesehen – genauso wie vor ein paar Jahren.

„Das muss ich jetzt nicht verstehen, oder?“, sagt Maria.

„Was musst du nicht verstehen?“

„Dass du dir einen Porsche um was weiß ich wie viel Euro leistest und dir dann ausgerechnet einen Boxster kaufst.“

„Was hast du gegen einen Boxster?“

„Und gelb ist er auch noch.“

„Ich mag Gelb.“

„Und warum steht er dann hier bei Klara, dein Porsche? Wolltest du das bisschen Geld für einen Garagenplatz in der Stadt sparen?“

„Ich brauche in der Stadt kein Auto.“

Das ist ein wunder Punkt. Ich weiß nicht, wozu ich den Porsche überhaupt noch habe, und ich hatte ihn, ehrlich gesagt, seit ich wieder in der Stadt wohne, auch kaum mehr benutzt. Aber jetzt ist er da, und ich kann damit auf Urlaub fahren, also hat es auf jeden Fall etwas Gutes.

„Maria?“

„Ja?“

„Alles okay?“

„Warum fragst du?“

„Wegen dem Streit mit Klara gerade eben.“

„Das war doch kein Streit.“

„Na ja.“

„Ist alles okay, ich bin nur müde. Und Klara geht mir auf die Nerven mit ihrer Kocherei.“

„Und der Schweinestall?“

„Kennst du das“, sagt sie, „nach einem Nachtdienst? Wenn man euphorisch ist und das Gefühl hat, der ganze Tag gehört nur einem selbst?“

„Ich habe keine Nachtdienste.“

„Und dann ist die Euphorie weg, von einer Sekunde auf die andere, und zack bist du müde wie nur was.“

„Okay?“

„An dem Punkt bin ich jetzt.“

Sie streicht über die Motorhaube und bläst sich den Staub vom Finger. Ich krame in meiner Hosentasche nach dem Schlüssel.

„Ich finde es ja erstaunlich“, sagt sie, „dass du dich überhaupt für Autos interessierst. Als Biolehrer, meine ich.“

„Ich bin Biologe.“

„Trotzdem.“

„Ich war ja nicht immer Lehrer.“

„Aha?“

„Ich war Berater.“

„Berater von was?“

„Unternehmensberater.“

„Als Biologe?“

„Da ist es nicht so wichtig, was man studiert hat.“

„Und warum bist du Lehrer geworden?“

„Ich wollte eine sinnvolle Arbeit machen.“

„Und Unternehmensberater ist nicht sinnvoll?“

„Na ja.“

„Und, ist es als Lehrer besser?“

„Grundsätzlich ja.“

„Grundsätzlich?“

„Grundsätzlich.“

„Sollen wir eine Probefahrt machen?“

„Gern, aber wir müssen die Batterie suchen und sie einbauen.“

„Hat er einen Namen?“

„Wer?“

„Der Porsche, hat er einen Namen?“

„Habe ich mir noch nie überlegt.“

„Dann müssen wir ihm einen Namen geben.“

„Okay.“

„Ein Mann“, sagt Maria, „er ist ein Mann.“

„Warum?“

„Weiß nicht, nur so ein Gefühl. Aber ich finde, es hängt schon von der Marke ab, ob ein Auto ein Mann oder eine Frau ist, und ein Porsche ist einfach immer ein Mann.“

„Und ein Ferrari?“

„Auch, aber kein besonders männlicher. Ein Škoda, zum Beispiel, ist auch immer ein Mann, und er braucht einen soliden Namen, am besten einen tschechischen. Oder einen, der sowohl auf Deutsch als auch auf Tschechisch funktioniert, Pavel und Paul oder so.“

„Und die asiatischen Automarken?“

„Hm. Kia zum Beispiel ist immer eine Frau."

„Und dein Auto", frage ich, „ist auch eine Frau?"

„Ja. Sie heißt Gerlinde, aber sie ist ein Toyota, und da ist es nicht so eindeutig, ein Toyota kann eine Frau oder ein Mann sein."

„Aber dein Toyota ist eine Frau."

Sie nickt. „Gerlinde ist eine alte Dame, definitiv."

„Also, welchen Namen könnten wir dem Porsche geben?"

„Einen alten Namen", sagt Maria, „einen aus den Sechzigern."

„Mondenschein Sternenreich?"

„Kein Hippiename, eher irgendein Allerweltsname, so banal wie die meisten Besitzer."

„Hey!"

„Die Wahrheit tut weh."

„Ich bin nicht langweilig."

„Wirklich?"

„Ach, lass mich doch."

Maria legt die Hand auf meine Schulter. „Ich will dich nur ärgern."

Ich öffne die Motorhaube. Marias Hand liegt immer noch auf meiner Schulter. Es fühlt sich gut an, und obwohl ich gleich sehe, dass die Batterie fehlt, warte ich noch ein paar Sekunden, bis sie die Hand wegnimmt.

„Die Batterie", sage ich, „kannst du mir bitte die Batterie geben, die sollte bei der Werkbank liegen."

„Da ist keine Batterie."

„Du musst suchen, die ist sicher dort."

„Da ist nichts."

Ich gehe zur Werkbank und sehe selbst nach. Das kann nicht sein, eine Autobatterie verschwindet nicht einfach, dazu ist sie zu groß. Aber sie ist nicht da, auch nicht bei Klaras Gartensachen.

„Und hinten?", meint Maria und zeigt auf die Tür zur Sauna.

„Na gut", sage ich, „lass uns dort suchen."

9

Die Sauna ist ein Anbau hinter der Garage, in dem früher auch die Spielsachen waren. Jedenfalls die Spielsachen für draußen, große, wunderbare Dinge, die Dreiräder, Ritterrüstung, Bälle, Bögen und Pfeile.

„So“, sagt Maria, „dann schauen wir mal.“

Sie schiebt einen großen Umzugskarton in die Mitte des Zimmers. An der Wand stehen noch vier weitere Kartons, ein alter Tisch mit Plastikoberfläche, die abblättert, und an der Längsseite des Raums ein Ölofen. Am anderen Ende geht es zur Sauna, aber man kann sie nicht betreten, weil Autoreifen und noch einiges mehr darin gestapelt sind: Werkzeugkisten, Gartenzeug und Glaswolle in gelben Platten.

„Lass uns die Kiste aufmachen.“ Maria öffnet den Karton und zieht ein Holzschwert heraus.

„Nagelring“, sage ich.

„Was ist Nagelring?“

„Nagelring ist das Schwert.“

„Seltsamer Name für ein Schwert.“

Ich nehme es in die Hand. „Das ist überhaupt kein seltsamer Name, Nagelring war das Schwert von Dietrich von Bern.“

Nagelring, Eckesachs, Excalibur. Die habe ich alle hier gehabt, oft gleichzeitig an einem Nachmittag, da war ich Dietrich von Bern und König Artus in Personalunion.

Meine Lieblingshelden allerdings, die richtig großen Helden, die hatten keine Zauberschwerter. Gernot und Volker, Lancelot und Galahad und der beste überhaupt: Hagen von Tronje. Die hatten alle nur normale Schwerter und haben trotzdem allen gezeigt, wo es langgeht.

„Eigentlich", sage ich, „war Nagelring nur sein erstes Schwert."

„Aha?"

„Er hat es verschenkt, nachdem er Eckesachs gewonnen hat."

„Verschenkt?"

„An seinen besten Freund Heime."

„Und dann?"

„Heime hat ihn später betrogen, sie haben gekämpft und Dietrich hat ihn erschlagen."

„Auch nicht nett." Maria kramt im Spielzeug. „Wie viele Schwerter hast du eigentlich?"

„Keine Ahnung, schon ein paar."

„Aber keine Pistolen."

„Nein, keine Pistolen, keine Revolver, kein Gewehr. Schusswaffen durfte ich nie haben."

„Also, Hieb- und Stichwaffen sind kein Problem, Schusswaffen schon?"

„Pfeil und Bogen durfte ich."

„Also keine Feuerwaffen."

„So ungefähr."

„Ich verstehe nicht, warum Schwerter okay sind, aber andere Waffen nicht. Ist doch im Prinzip alles dasselbe, nur unterschiedlich alt."

„Na ja, es ist schon ein Unterschied, wenn zwei Ritter kämpfen, als wenn irgendein Soldat einen anderen aus hundert Metern Entfernung abknallt."

„Weniger persönlich, aber für den Verlierer doch im Endeffekt egal."

„Hast du eigentlich schon mal jemanden erschossen?"

Maria schüttelt den Kopf. „Einmal habe ich die Pistole gezogen", sagt sie, „aber nur einmal, und da habe ich nicht geschossen."

„Ist das häufig?"

„Was?"

„Dass man als Polizistin schießen muss."

„Oh Gott, nein. In Amerika vielleicht, da hat ja jeder eine Waffe."

„Dein Vater auch."

„Ja, aber du weißt, was ich meine."

Ich nehme das Schwert in die Hand und mache einige Schwünge durch die Luft.

„Pass auf", sagt Maria, „du wirst mir mit dem Ding noch wehtun."

„Ich bin Ritter, ich tue nur den Bösewichtern etwas an, den Raubrittern und Riesen." Ich steige auf einen Sessel und strecke ihr die Hand hin. „Ich muss zur Burg, das Mägdlein aus dem Turm retten."

„Wir brauchen kein Schwert, wir brauchen eine Autobatterie, und alleine suche ich deine Batterie bestimmt nicht. Und das Mägdlein braucht keinen Ritter, aber die Kiste aus dem Regal da oben könnte der Herr von Bern runterheben, das Mägdlein hat sich nämlich im Nachtdienst die Schulter gezerrt."

Ich lasse Nagelring noch einmal durch die Luft sausen, lehne es an die Wand neben der Türe und hebe die Kiste aus dem Regal. Maria macht sie auf. Wieder nichts. Es ist keine Batterie drin, aber eine Ritterrüstung, ein Schild und ein Bogen mit ein paar Pfeilen.

Das darf ja wohl nicht wahr sein. Das darf einfach nicht wahr sein. Aber es ist sicher alles okay, Klara hat die Batterie einfach weggeräumt und wir werden sie später schon finden.

„Ich brauche eine Pause", sage ich.

„Okay, aber vergiss dein Zauberschwert nicht."

Ich gehe zurück in die Garage, öffne das große Tor in den Garten und gehe hinaus. Maria kommt kurz danach.

„Schau", sagt sie, „was ich gefunden habe", und zeigt mir eine kleine Kiste mit Dartpfeilen.

„Wo hast du die her?"

„Aus der zweiten Kiste. Lass uns aufs Tor schießen, wie früher." Sie gibt mir einen Pfeil.

Die Torflügel sind mit breiten Holzlatten verkleidet, die überall kleine Löcher tragen, von den Pfeilen, mit denen wir als Kinder oft auf das Tor geschossen haben. Nur wenn Alfred an der Werkbank war, durften wir nicht schießen, weil erstens nie sicher war, ob er nicht zum Rauchen nach draußen gehen wollte oder sich durch einen plötzlichen Einschlag drinnen erschreckte und das Werkstück danach beim Teufel war. Alfred war Drechsler und Schnitzer, und er hat das ganze Haus verziert, jedes Zimmer, und mit den weniger schönen Kunstwerken auch die Gänge und das Stiegenhaus.

Ich werfe den Pfeil. Er prallt am Metallband zwischen den Torflügeln ab und landet auf dem Boden.

Maria lacht. „Manches ändert sich nie."

„Mach es besser."

Sie wirft den Pfeil, trifft das Tor und zeigt mit einer theatralischen Handbewegung auf mich.

Ich zögere. „Und wenn jemand rauskommt?"

„Wer? Klara kocht und Alfred geht alleine nirgends mehr hin."

„Heinz? Vielleicht sollten wir zusperren."

„Das passt schon." Sie wirft einen Pfeil.

„Hey", sagt sie, „ich gehe morgen Bogenschießen, willst du mitfahren?"

„Bogenschießen?"

„Ja, so richtig, im Wald."

„Gern, aber ich kann das nicht."

„Kein Problem, Darts kannst du ja auch nicht, und trotzdem machst du es." Sie lacht und wirft noch einen Pfeil.

„Ich weiß nicht, ob ich noch so lange bleibe."

„Ich dachte, du wolltest mit dem Porsche auf Urlaub?"

„Es ist ein Sabbatical."

„Was auch immer, dein Flitzer hat keine Batterie."

„Wenn ich die Batterie nicht finde, fahre ich mit dem Zug zurück."

„Und wenn ich dich nicht zum Zug bringe?“ Sie wirft einen Pfeil.

„Warum solltest du das tun?“

„Vielleicht will ich, dass du hierbleibst? Und außerdem, jetzt bist du sechs Stunden hierhergefahren und willst ohne Porsche wieder heimfahren?“

„Was sollte ich sonst tun?“

„Ein Freund von mir kann dir bestimmt eine Batterie beschaffen, aber erst nach dem Wochenende. Bleib einfach so lange hier, mach Urlaub.“

„Ich weiß nicht, was Klara dazu sagen würde.“

„Klara freut sich bestimmt.“

„Glaubst du?“

„Sicher, dann muss sie mich nicht alleine aushalten.“

Wir schießen die Pfeile, abwechselnd und ohne zu sprechen. Nachdem alle verschossen sind, gehe ich nach vorne, hebe den letzten Pfeil vom Boden auf und stecke ihn ins Tor, zu den anderen.

10

Maria wollte nicht zum Essen bleiben. Sie hat sich schnell verabschiedet. Freundlich war sie ja, aber trotzdem seltsam, so eine Einladung einfach auszuschlagen.

„Essen ist fertig", ruft Klara und wir setzen uns an den Tisch.

„Ich habe keinen Hunger, ich glaube, ich habe mir gestern den Magen verdorben", sage ich.

„Magen verdorben", sagt Klara und stellt eine Schüssel mit Salat und die Kartoffelpuffer auf den Tisch. „Das hast du als Kind auch immer gesagt, wenn du nicht essen wolltest."

Das Essen serviert sie in einer Emailpfanne, derselben Pfanne, die sie zum Ausbacken benutzt hat. Am Boden klebt eine dicke Schicht aus verbrannten Kartoffeln. Klara legt den Topflappen neben die Pfanne, nimmt ein paar Kartoffelpuffer heraus und legt sie auf meinen Teller. Dann kratzt sie mit dem Spatel die dunkelbraune Schicht vom Boden der Pfanne und legt sie auf meinen Teller. „Das Braune", sagt sie, „ist das Beste, ohne das sind Puffer nicht Puffer."

Wenn das meine Kolleginnen aus dem Konferenzzimmer sehen würden, es wäre um sie geschehen. Herzinfarkt. Also nicht nur die Veganerfraktion würde ausrasten, auch die Fitnesstanten und die Yogafans.

„Frag jetzt nicht nach Ketchup“, sagt Klara.

„Für Ketchup bin ich zu alt.“ Das ist eine Lüge. Ich liebe Ketchup, und ich glaube nicht, dass das eine Frage des Alters ist.

„Na wenigstens etwas. Du auch, Papa?“

„Ja genau.“

Sie legt Alfred zwei Puffer auf den Teller.

„Ja genau.“

„Mahlzeit“, sage ich.

Heinz liegt noch im Wohnzimmer.

„Kommst du, Heinz?“, ruft Klara.

Heinz antwortet nicht.

„Du wirst zum Essen kommen. In diesem Haus kommt jeder zum Essen.“

Wieder keine Antwort, aber die Geräusche des Fernsehers verstummen und Heinz’ Atemgeräusche kommen näher. Er schlurft zum Tisch und setzt sich.

Klara steht wieder auf, holt die Infusionsflasche mit der Flüssignahrung aus der Küche und schließt sie an. Heinz zeigt auf seinen leeren Teller.

„Heute keine Sprays mehr“, sagt Klara, „du hattest schon genug. Wo ist Maria?“

„Maria ist nach Hause gefahren.“

„Was? Ich habe für sie mitgekocht.“

„Sie wollte nicht bleiben.“

Klara seufzt. „Empfindlich ist sie schon.“

„Ich glaube nicht, dass es wegen dir war. Ich glaube, sie wollte nach dem Nachtdienst einfach ins Bett.“

„Ja genau“, sagt Alfred.

Heinz tippt auf seinem Tablet.

> Ja genau.

Klara wirft ihm einen bösen Blick zu.

Wir essen schweigend. Alfred hat offenbar keinen Appetit, sitzt vor seinem Teller und isst nicht. Klara schneidet ihm seine zwei Puffer in Stücke und stellt den Teller wieder vor ihm ab.

Alfred kaut ein Stück Kartoffelpuffer und spuckt es auf seinen Teller. Er spitzt die Lippen und lässt Speichel auf den Teller tropfen, einen zähen Faden, der knapp über dem Teller reißt.

„Du musst essen, Papa", sagt Klara.

„Ja genau." Alfred macht keine Anstalten zu essen.

„Ich kann dir helfen", sage ich, spieße mit seiner Gabel einen Bissen auf und halte sie ihm hin.

Er sieht sie an, nimmt sie aber nicht in die Hand.

„Ich kann dich auch füttern."

„Ja genau."

„Na gut."

Ich halte ihm den Bissen vor den Mund. Alfred presst die Lippen aufeinander.

„Vielleicht schmeckt es ihm nicht."

„Puffer sind seine Lieblingsspeise."

„Ja genau."

„Aber er will sie nicht essen."

„Er isst sie immer. Puffer hast du immer am liebsten gemocht, nicht, Papa?"

„Ja genau." Alfreds Mund bleibt geschlossen.

Ich drücke den Bissen an seine Lippen. „Komm, Alfred“, sage ich, „du musst ein bisschen essen.“

„Ja genau.“ Man kann es durch die zusammengepressten Lippen kaum verstehen.

„Bitte, Alfred.“ Ich drücke ein wenig fester.

Keine Reaktion.

„Na gut“, sage ich, „dann eben nicht.“

Klara seufzt, steht auf, kommt auf unsere Seite des Tischs und nimmt die Gabel. „Papa, du musst essen.“ Sie nimmt die Gabel, und während Alfred sein „Ja genau“ sagt, schiebt sie ihm den Bissen in den Mund. Sie hält ihm mit der flachen Hand den Mund zu. „Jetzt schlucken, Papa.“

Alfred schluckt, sie nimmt die Hand weg und er schnappt nach Luft.

„Und jetzt noch ein Bissen.“

„Kannst du ihn nicht in Ruhe lassen?“

„Puffer sind seine Lieblingsspeise.“

„Aber jetzt doch gerade nicht.“

Alfred hält sich an der Tischplatte fest und stöhnt.

Ich rieche es als Erster. Ich rücke von ihm weg und lege die Gabel neben den Teller. Ich schaue ihn an. Alfred grinst.

„Papa“, sagt Klara, „das darf ja nicht wahr sein. Muss das genau jetzt sein, ist das nötig?“

„Er hat das bestimmt nicht absichtlich gemacht.“

„Natürlich hat er das absichtlich gemacht.“

„Ja genau.“

„Siehst du, er gibt es zu."

„Ja genau."

„Er kann gar nichts anderes sagen", sage ich, „du kannst ihn alles fragen, er wird immer ‚Ja genau' sagen."

„Ja genau", sagt Alfred.

Klara setzt sich, nimmt ihre Gabel und isst weiter.

Dass sie so essen kann. Es stinkt erbärmlich.

„Sollen wir ihn nicht saubermachen?"

„Nein, wir essen. Der Herr muss eben warten."

„Das kannst du nicht machen. Wir müssen ihn waschen, du kannst ihn nicht in seiner Scheiße sitzen lassen."

Klara knallt die Gabel auf den Tisch, geht um den Tisch herum zu Alfred und packt ihn am Arm.

„Dann gehen wir dich eben gleich saubermachen."

„Ja genau." Alfred zeigt auf seinen Teller.

„Sicher nicht", sagt sie, „du isst nicht mit der vollen Hose hier am Tisch, was glaubst du denn? Der Gestank stört die Leute."

Sie zerrt wieder an seinem Arm.

Alfred bewegt sich nicht und schüttelt ihre Hand ab.

„Papa", sagt Klara, „du kommst jetzt mit."

„Ja genau", sagt er und isst weiter.

Sie greift wieder nach seinem Arm, zerrt an ihm, er reißt sich los und schlägt sie mit der flachen Hand auf die Schulter, dann schlägt er nochmal zu und noch einmal, bis sie zurückweicht.

„Ja genau, ja genau, ja genau."

Klara setzt sich hin und isst wortlos weiter.

„Alfred“, sage ich, „du musst wirklich duschen gehen.“

„Ja genau“, sagt er, „ja genau.“ Jetzt beginnt er zu essen, er stopft sich die Bissen in den Mund, bevor er gekaut oder geschluckt hat. Kleine Stückchen Kartoffelpuffer fallen ihm aus dem Mund.

„Lass ihn.“ Klara weint.

„Nein, Alfred, du musst duschen gehen.“ Ich greife seinen Arm und ziehe ihn daran hoch. Für Klara ist er zu stark, aber bei mir hat er keine Chance, er ist ein alter Mann und ich könnte ihn, wenn nötig, einfach packen und ins Badezimmer tragen.

„Ja genau, ja genau!“, schreit Alfred.

„Lass ihn“, sagt Klara, „bitte.“

„Da muss er jetzt durch“, sage ich. „Ja, Alfred, da musst du jetzt durch.“

Ich führe ihn am Arm Richtung Badezimmer.

„Ja genau“, sagt er, jetzt ruhiger. Auf seinem weißen T-Shirt kleben Reste der halb zerkauten Kartoffelpuffer.

Das Badezimmer ist ein kleiner Raum, ohne Dusche, mit einer dunkelbraunen Badewanne. In der Wanne liegt eine orange Plastikmatte in Form eines Krokodils.

Klara kommt hinter uns ins Zimmer. „Ich mache das schon, iss weiter.“

„Ich helfe gern.“

„Nein wirklich, ich mache das.“

„Lass dir helfen“, sage ich und ziehe Alfred das Shirt über den Kopf.

Er lässt es geschehen, hebt sogar die Arme an. Es ist fast nicht auszuhalten, hier in dem kleinen Zimmer direkt hinter ihm zu stehen, so sehr stinkt es aus seiner Hose.

„Wir sollten ihm die Hose erst in der Wanne ausziehen, sonst haben wir hier eine Katastrophe."

Klara nickt. „Komm, Papa", sagt sie, „steig in die Wanne."

Alfred macht einen Schritt auf die Badewanne zu, hält sich an ihrer Schulter fest und schwankt, auf einem Fuß stehend. Er stellt den anderen Fuß in die Wanne, stützt sich mit den Händen links und rechts am Rand ab, stellt langsam den zweiten Fuß hinein und setzt sich hin. Seine Arme zittern und ich habe Angst, dass ihn die Kraft verlässt und er stürzt.

Ich greife mit einer Hand unter seine Achsel, aber Klara sagt: „Lass ihn, er kann das."

„Er wäre fast gestürzt."

„Nein, er kann das."

„Ihr könntet einen Badelift kaufen."

„Wir kommen zurecht."

„Ja genau."

„Danke, den Rest mache ich alleine", sagt Klara.

„Klara, ich helfe wirklich gerne."

Ich ziehe Alfred die Hose hinunter. In dem Moment, als ich die weiße Unterhose sehe, die hinten ausgebeult ist, aus der es unten braun herausquillt, wird mir schlecht. Ich beiße die Zähne zusammen und ziehe auch die Unterhose nach unten. Auf Alfreds Beinen bis zu seinen Knöcheln bleibt eine braune Spur zurück. Ich schlucke.

Klara dreht das Wasser auf und hält mir den Duschkopf hin.

Ich prüfe die Temperatur und warte, bis das Wasser warm genug ist. Klara zieht sich Latexhandschuhe an. Als sie beginnt, Alfred den Kot mit den Händen vom Hintern und den Beinen zu entfernen, wird es mir zu viel.

Mir wird schwindlig, mein Herz klopft und ich spüre den Geschmack von Magensäure im Mund. Ich lasse den Duschkopf in die Badewanne fallen und laufe aus dem Badezimmer, die Stiege rauf ins Klo und kotze in die Muschel.

Ich setze mich auf den Boden und wische mir mit Klopapier den Mund ab. In meiner Nase brennt die Magensäure, aber ich habe immer noch das Gefühl, Alfreds Stuhl riechen zu können. Als hätte sich der Geruch in meiner Nase festgesetzt, als könne nicht einmal Magensäure den Gestank jemals wieder wegätzen.

Wie hält Klara das aus, jeden Tag? Wie kann das überhaupt jemand aushalten?

11

Klara bringt Kaffee und eine Kanne mit Pfefferminztee. Heinz sitzt im Wohnzimmer vor dem Fernseher, Alfred ist auf der Couch eingeschlafen.

Sie stellt mir eine Kaffee Tasse auf einem Untersetzer hin, dazu drei Stück Würfelzucker und ein Kännchen mit Obers.

„Danke“, sage ich, nehme die Tasse und trinke einen Schluck.

Der Kaffee ist dünn und schmeckt, als hätte Klara ihn seit dem Morgen warmgehalten. Aber mir ist kalt, und der Kaffee wärmt zumindest.

Ich bin nicht kälteempfindlich, überhaupt nicht, aber jetzt friere ich. Heinz friert auch, da bin ich sicher, er sitzt in einem Pullover und mit zwei Decken da. Und ob sich Alfred an die Kälte gewöhnt hat oder einfach nicht mehr mitteilen kann, wenn ihm kalt ist, kann ich nicht sagen.

Klara liest ihr Magazin, ein Kleinformat auf Hochglanzpapier, das nach Plastik riecht, mit Neuigkeiten aus degenerierten Adelshäusern.

„Wohnt Heinz schon länger bei dir?“, frage ich.

„Seit zweieinhalb Jahren.“

Heinz tippt.

> Drei.

„Sind es schon drei Jahre?“, fragt Klara.

Er nickt.

„Die Hilde ist gestorben, und dann hat er niemanden gehabt, der auf ihn schaut. Man kann einen Mann ja nicht alleine verhungern lassen."

Heinz lacht sein brodelndes Lachen.

„Na ja, er könnte lernen, wie man kocht und Wäsche wäscht."

„Der lernt gar nichts mehr."

Heinz zuckt mit den Schultern.

Klara lässt zwei Stück Würfelzucker in ihren Tee fallen und rührt um – zuerst im Uhrzeigersinn und dann lange in die Gegenrichtung. „Und du fährst auf Urlaub?"

„Es ist ein Sabbatical."

„Du fährst auf Sabbatical?"

„Man fährt da nicht hin. Ich habe einfach ein Jahr frei."

„Wir hatten das nie."

„Ich weiß."

„Auf solche Ideen wären wir gar nicht gekommen."

„Ja."

„Und wo fährst du hin?"

„Ich weiß nicht, Italien vielleicht. Aber die Autobatterie ist weg. Ich kann sie nirgends finden. Weißt du, wo sie ist?"

„Nein, ich habe dein Autozeug nicht angerührt."

„Aber jemand muss sie doch weggeräumt haben."

„Ich habe nichts angerührt." Klara nimmt einen Schluck Tee. „Schon kalt", sagt sie und verzieht das Gesicht. „Wie lange willst du bleiben?"

„Ich weiß nicht, vielleicht fahre ich auch zurück und komme ein anderes Mal wieder."

„Bleib doch", sagt Klara, „mach hier ein bisschen Sabbatical."

„Wird dir das nicht zu anstrengend?"

„Solange du nicht auf Dauer einziehen willst, ist alles in Ordnung." Sie lacht.

„Vielleicht bleibe ich ein paar Tage."

„Und dem Mädel wird es auch guttun, wenn jemand in ihrem Alter hier ist. Sie sollte unter Leute. Willst du noch Kaffee?"

Sie wartet keine Antwort ab und schenkt mir nach. Ich nehme einen Schluck und wir sitzen eine Zeitlang schweigend da. Klara liest weiter ihr Magazin.

„Klara", sage ich. „Hast du dir schon mal überlegt, Hilfe zu holen?"

Sie blickt von ihrem Magazin auf. „Welche Hilfe?"

„Einen Pflegedienst, zum Beispiel, der ab und zu kommt und Alfred und dir hilft."

„Wir brauchen keine Hilfe. Wir kommen gut zurecht, der Papa und ich."

„Platz habt ihr ja. Ihr könntet euch eine Slowakin nehmen oder eine Ungarin."

„Ich will niemanden im Haus haben", sagt sie und senkt den Blick wieder in ihr Magazin.

Alfred zittert. Ich nehme eine Decke von der Couch und lege sie ihm um die Schultern. „Ist dir kalt?", frage ich.

„Ja genau.“

„Klara“, sage ich, „wir sollten mehr einheizen.“

Klara blickt wieder auf und seufzt. „Warum? Ist doch warm.“

„Ist es nicht“, sage ich. „Ihr seid alt, da könnt ihr euch leicht was holen.“

„Was meinst du?“

„Schnupfen, Bronchitis, Lungenentzündung. Ihr könntet euch alle verkühlen.“

„Ein bisschen Kälte hat noch niemandem geschadet, und an Verkühlung glaube ich nicht.“

„Trotzdem, mir ist kalt, und Alfred auch.“

„Ja genau.“

„Gut, aber die Heizung darf man nicht hochdrehen, die Gaslieferung kommt nur einmal pro Jahr, und der Tank muss bis zum Frühling reichen.“

Tante Klara hat einen Gastank im Garten. Als ich ein Kind war, haben sie ihn vergraben, mit einem großen Bagger, und einmal pro Jahr ist der Tankwagen mit dem Flüssiggas gekommen. Wir Kinder sind dann immer auf der Wiese über dem Gastank gestanden und haben unsere Ohren auf den Boden gelegt, lauschend, ob man das Flüssiggas blubbern hört. In unserer Vorstellung war der Boden über dem Tank ganz dünn, leichtes Erdreich und ein bisschen Gras. Die Mutigen sind auf und ab gesprungen, um zu testen, wie wild man gerade noch springen konnte, ohne den Tank zum Explodieren zu bringen.

„Aber der Kachelofen", sagt Klara, „du könntest Holz holen und den Ofen heizen."

Na gut, wenn sie meint, dann heize ich den Ofen. Ich würde ja einfach die Heizung höher drehen, und ich kann mir auch nicht vorstellen, dass das teurer ist als Brennholz, aber wie sie meint. Hauptsache, es wird ein wenig wärmer hier.

„Wo ist das Holz?"

„Im Stall."

Ich stelle die Tasse weg, stehe auf und gehe ins Erdgeschoß. Es ist dunkel, und ich muss den Lichtschalter eine Zeitlang suchen.

Das Holz ist an der rechten Wand gestapelt. Es ist staubtrocken, genau richtig für ein schönes Feuer. Ich nehme einen Korb und packe ein paar Scheite ein, dazu Zeitungspapier. Ich habe ewig kein Feuer mehr gemacht. Ich freue mich schon, auf den Holzgeruch, dieses Ursprüngliche, Echte, Holz zu holen und es allen warm zu machen.

Ich lege die Scheite und das Papier vor dem Ofen im Wohnzimmer ab.

„Kannst du das?", fragt Klara.

„Natürlich kann ich Feuer machen."

„Na dann zeig mal."

Ich zerknülle das Papier, lege es in den Ofen und lege drei große Scheite obenauf.

„Das ist zu viel Papier."

„Das passt schon.“

„Das wird stark rauchen. Und du brauchst viel mehr kleine Hölzer und Reisig.“

„Das passt schon, wirklich.“

Klara schüttelt den Kopf und liest weiter. „Wirst ja sehen.“

Ich bleibe vor dem Ofen sitzen und beobachte das Papier, wie es Feuer fängt. Es sind hohe Flammen, und es raucht stark. Ich schließe die Ofentür. Heinz hustet demonstrativ.

„So geht das nicht“, sagt Klara.

„Natürlich geht das so.“

„Du räucherst uns aus.“

Ich habe keine Ahnung mehr, wie das geht, aber ich will mir vor Klara jetzt keine Blöße geben. Sie öffnet die Kamintüre. „Jetzt schieben wir einmal die großen Dinger zur Seite und schichten das richtig auf.“

„Es hätte auch so gebrannt.“

„Hätte es nicht.“

„Weil du es ruiniert hast.“

„Du solltest etwas unternehmen in deinem Urlaub“, sagt Klara und schichtet kleine Holzscheite zu einer Pyramide. Dass sie da so hingreifen kann, mir würde es die Finger verbrennen.

„Du solltest in die Natur, du bist ganz blass.“

„Ich weiß nicht.“

„Du musst, wenn du schon hierbleibst.“

„Na ja.“

„Du musst auf jeden Fall in die Natur, auf den Hausberg vielleicht. Aber bald“, sagt sie, „heute oder morgen, sonst wird es zu kalt.“

Sie beschreibt mir die Bergtour auf den einzigen Berg der Umgebung, auf den mich die Eltern früher jedes zweite Wochenende hinaufgeschleppt haben. Immer, wenn wir zu Besuch waren, ging es auf den Berg: im Winter mit dem Schilift, im Sommer zu Fuß neben dem Schilift. Seit der Scheidung wandert mein Vater nicht mehr, und seit er den Herzinfarkt hatte, geht er überhaupt nicht mehr viel aus der Wohnung. Er sitzt mit einer dunklen Sonnenbrille auf der Dachterrasse und liest. Immer mit der Sonnenbrille, unabhängig vom Wetter. Ich besuche ihn nur selten, weil ich nicht weiß, was ich mit ihm reden soll. Bis vor ein paar Jahren war es auch noch schwieriger, extra für ihn nach Hause zu fliegen, vor allem mit dem ganzen Stress. Und Mutter ist ohnehin nur noch auf Reisen.

„Ich gehe mit Maria Bogenschießen.“

„Dass ihr aber auch immer einen Grund braucht.“

„Für was?“

„Fürs Wandern. Man kann ja einfach so einmal wandern, nicht, Papa? Der Papa und ich sind früher viel gewandert.“

„Und jetzt nicht mehr?“

„Er kennt sich nicht mehr aus. Und er fürchtet sich.“

„Ja genau.“

Eine Wanderung passt aber gut zu einem Sabbatical. Jeder Lehrer, der etwas auf sich hält, macht im Sabbatical eine Wanderung, oder in den Sommerferien. Und wenn es nicht der Jakobsweg ist, dann zumindest irgendein Teil davon, oder ein anderer Heiligenweg.

Ich brauche keine Erleuchtung, kein spirituelles Erlebnis, das über eine Schokoladentorte hinausgeht. Und schon gar nicht brauche ich einen Schlafsaal mit zwanzig anderen stinkenden Wanderern. Und überhaupt: Wenn ich mich mit depressiven Lehrern unterhalten will, gehe ich ins Konferenzzimmer und fliege nicht nach Spanien.

Aber eine kleine Tagestour mit Bogenschießen, das ist schon okay.

„Hast du Wanderschuhe, die du mir borgen kannst?"

„Sicher", sagt sie, „wird vom Papa schon noch was da sein."

Onkel Alfred war Bergsteiger, vor der Demenz. Bei der Bergrettung war er, und wenn kein Einsatz war, war er jeden Tag, an dem es irgendwie ging, auf dem Berg.

„Welche Schuhgröße hat er denn?"

„Zweiundvierzig."

„Na dann, danke!", sage ich. „Aber wird er nichts dagegen haben?"

„Daniel, der Papa weiß nicht einmal mehr, was ein Berg ist."

„Ja genau."

Klara steht auf und stellt die leeren Tassen ineinander.

„Kann ich dir irgendwas helfen?“, frage ich.

„Ich muss nur abwaschen und den Papa umziehen, und das mache ich alleine.“

„Ich kann den Abwasch machen.“

„Nein, du ruh dich aus, willst du ein Bier?“

Ich schüttle den Kopf.

Klara steht langsam auf und nimmt die Teetassen mit. Am Weg zur Küche bückt sie sich und hebt ein paar kleine Holzsplitter auf, die zwischen den Fransen des Teppichs stecken. Sie schüttet ein wenig Tee aus einer Tasse auf den Boden.

„Ich helfe dir“, sage ich.

„Lass nur.“ Sie stellt die Tassen ab, zieht ein Stofftaschentuch aus der Tasche und wischt auf.

In meiner Hosentasche vibriert es.

– essen überstanden?

– Ja.

– war sie beleidigt?

– Klara? Nein.

– gut

– Sie war nur ein bisschen irritiert. Ich glaube, sie wollte, dass du bleibst.

Ich mache ein Foto vom Feuer und schicke es ihr.

– Ich habe außerdem Feuer gemacht.

Man sieht drei blinkende Punkte – ein Zeichen, dass Maria tippt –, dann verschwinden die Punkte, aber es kommt keine Nachricht.

12

Alfred hat weiterhin nichts geredet, Heinz sein Fernsehprogramm angesehen, Klara ihre Zeitschriften und ich bin dann rauf in mein Zimmer und sitze nun am Schreibtisch. Obwohl mir hier kalt ist und obwohl es mein Feuer ist, das unten immer noch im Kamin brennt.

Die Playmobilburg ist noch komplett, mit Falltür, Gefängnis und Drachen. Die Ritter liegen im Burghof und fast alle halten noch Schwerter, Speere und andere Waffen. Nur die Federbüsche auf den Helmen sind weg. Ich stelle die Ritter der Reihe nach auf den Tisch neben die Burg. Ich habe ihnen damals Namen gegeben. Da ist natürlich Dietrich von Bern, der schwarze Ritter. Natürlich war der echte Dietrich kein schwarzer Ritter, aber der schwarze Ritter war einfach immer die coolste Figur, also habe ich das damals so entschieden. Dann Hildebrand, den weiß ich auch noch. Ich bin nicht mehr sicher, wer die anderen Figuren waren, welche Markgraf Rüdiger war, welche Heime, Hagen, Etzel und so weiter, also stelle ich sie einfach der Reihe nach auf.

Ich verstehe nicht, warum Klara sich nicht helfen lassen will. Sie könnten es gut haben, alle drei, mit ein bisschen Hilfe. Ich muss mit Maria reden. Wir müssen etwas organisieren, müssen Hilfe holen, vielleicht eine Putzfrau, eine Pflegerin. Hauptsache, sie haben irgendeine Hilfe und müssen nicht ins Altersheim.

Obwohl man heutzutage sowieso keinen Heimplatz mehr bekommt, außer man zahlt viel Geld.

Opa Kobicek war am Ende im Heim. Er konnte sich nicht mehr dazu äußern, er war schon zu dement, eigentlich kaum mehr bei Bewusstsein, aber trotzdem, ich habe es in seinen Augen gesehen, wie es ihm dort ging. Und alle anderen haben es auch gesehen, aber niemand hat etwas unternommen, und dann haben sie ihn zum Sterben ins Krankenhaus gebracht. Obwohl er zu Hause auch hätte sterben können, mit der richtigen Pflege und gutem Willen.

Ich drehe Dietrich von Bern zwischen den Fingern. Von seinem Schwert ist der Großteil der silbernen Farbe abgeblättert.

Sie brauchen alle Hilfe, alle drei, aber besonders Klara. Ins Heim lasse ich sie sicher nicht. Im Heim degeneriert sie nur, dann baut sie ab, lässt sich gehen, und dann stirbt Alfred, stirbt Heinz, sterben sie alle.

– und, frierst du schon?

Ich stelle Dietrich auf den Wachturm der Burg.

– Nein.

– aber so ist das nix geworden, oder?

– Was?

– das feuer

– Doch.

– mir ist langweilig

– Mir auch.

– ich hab den ganzen nachmittag geschlafen und jetzt bin ich total wach und werd nachher nicht schlafen können
– Ich habe mit Klara über Pflege diskutiert.
– ui. ojeoje
– Sie will keine Hilfe.
– wär aber gut. oder gleich ins heim, das wäre vielleicht am besten
– Ich weiß nicht, gleich ins Heim?
– warum nicht?
– Dort ist es scheußlich …
– im haus auch
– Lass uns morgen darüber reden.
– ok. was machst du grad so?
– Playmobil spielen.
– playmobil?
– Mit Rittern, oben, im Zimmer.
– flashback in die kindheit?
– So ungefähr.
– na dann lass ich dich mal spielen
– Sehen wir uns morgen?
– ja gern
– Ich würde mich freuen.
– ich auch :) gute nacht
– Gute Nacht.
– schlaf gut
– Du auch.

13

Manchmal brauche ich nachts lange, bis ich den drückenden Schmerz im Bauch als Harndrang erkenne. Ich will nicht aus dem Bett, aber ich muss. Es ist mittlerweile saukalt im Zimmer. Ich habe nicht einmal das Bedürfnis, mich unter der Decke auszuziehen. Normalerweise schlafe ich nackt, selbst wenn es kalt ist. Ich schlüpfe dann einfach in Boxershorts und T-Shirt ins Bett und ziehe mich, wenn mir warm ist, unter der Decke aus.

Ich steige aus dem Bett und würde die Füße, kaum dass sie den Boden berührt haben, am liebsten zurück ins Bett stecken. Aber ich muss, ich muss, und ich gehe bis zur Türe, die Stiege hinunter und geradeaus ins Klo. Ich setze mich hin und stelle die Füße nur mit den Fersen auf die Fliesen, damit es sich nicht so kalt anfühlt.

Danach wasche ich mir die Hände mit kaltem Wasser über dem winzigen Waschbecken. Ich habe ewig kein Stück Seife in der Hand gehalten. Es gibt überall nur noch Flüssigseife. Ich trockne mir gerade die Hände ab, als ich ein Geräusch höre.

Es ist dasselbe Geräusch wie letzte Nacht, ganz klar. Nur diesmal ist es deutlicher, ein Pochen, und da ist auch eine Stimme. Ich kann keine Worte ausmachen, nichts verstehen, nur das Pochen höre ich, und Schreie. Es ist eine Männerstimme.

„Onkel Alfred“, sage ich, „Alfred, bist du das?“

Keine Antwort.

Ich folge den Schreien bis zur Polstertüre. Aus dem Raum hinter der Türe kommen die Schreie und ein Klopfen, als würde jemand mit Fäusten dagegen schlagen.

„Alfred“, rufe ich, „Alfred!“

Der Schlüssel steckt außen. Ich sperre auf. Vorsichtig öffne ich die Türe, um Alfred nicht zu verletzen.

Alfred steht da, in einem blauen Schlafanzug, der aussieht, als hätte man ihn im Krankenhaus gestohlen. Er sieht mich an und schreit. Schreit ein Kauderwelsch, keine Worte, nur Geräusche, dann „Jaaaaa, jaaaaa“.

„Alfred“, sage ich und berühre ihn an der Schulter.

Er schreit wieder.

Ich drücke ihn sanft an den Schultern nieder, will, dass er sich hinsetzt, aber er wehrt sich, er setzt sich nicht hin, er hat bemerkenswerte Kraft.

Ich lege ihm die Hand um die Schultern. Das lässt er geschehen. Er schreit zwar immer noch, aber er lässt es geschehen. „Alfred“, sage ich, „es ist alles gut.“

„Ja“, schreit er, „ja, ja genau!“

Ich zähle leise bis dreißig, immer wieder, bis es aufhört. Ich habe das in der Schule gelernt. Wenn die Kinder ausrasten, zähle ich bis dreißig, damit mir bewusst wird, wie wenig Zeit eigentlich vergeht.

Alfred wird ruhiger und setzt sich auf das Bett. Es ist eine seltsame Kammer, in der er wohnt, kein echtes

Zimmer, sondern ein abgetrennter Teil des Dachbodens, mit Trockenbauwänden, die nicht bis zur Decke reichen. Das Zimmer ist gerade groß genug für ein Bett und einen kleinen Kasten, mehr eine Zelle als ein Zimmer. Den Dachboden kann man riechen, diesen süßlichen Geruch nach Holz und alten Polstermöbeln.

„Alfred", sage ich, „du solltest dich wieder hinlegen."

„Ja genau, ja genau."

Warum sperrt sie ihn hier ein? Okay, er ist dement, und man muss ihn schützen, aber man kann ihn ja nicht einfach einsperren und ihn sich selbst überlassen.

„Ich lasse die Türe offen", sage ich, „dann kann ich dich hören, wenn du etwas brauchst."

„Ja genau", sagt Alfred und legt sich hin.

Ich decke ihn zu und streiche ihm übers Haar. „Gute Nacht, Alfred." Den Schlüssel nehme ich an mich.

Ich gehe hinauf in mein Zimmer und lege mich ins Bett. Ich zittere, vielleicht vor Anspannung, vielleicht wegen der Kälte. Bei Alfred war es noch kälter als im Rest des Hauses. Ich liege im Bett, aber es ist sinnlos, ich kann jetzt sowieso nicht schlafen.

Wie kann man einen Menschen nur einsperren? Ich werde morgen mit Klara reden müssen, ich werde ein ernstes Wort mit ihr reden, und dann müssen wir Alfred irgendwie helfen.

Ich versuche, leise zu atmen, und horche, aber da ist kein Geräusch, man hört nichts von Alfred, kein Geschrei, kein Klopfen.

Ich glaube, er ist eingeschlafen.

14

Ich habe den Kaffee gerade erst gebrüht, aber ich bin nicht ganz sicher, ob er frisch oder aufgewärmt schlechter schmeckt.

Ich nehme einen Schluck. Es ist die Sorte Geschmack, bei der man glauben könnte, die Oberfläche der Zunge schlage Wellen. Ich schenke mir trotzdem noch eine Tasse ein, weil ich hundemüde bin.

Maria ist hochmotiviert. Seit ich ihr von der Nacht erzählt habe, geht sie in der Küche auf und ab. „Was willst du machen?“

„Wir müssen irgendeine Überwachung haben.“

„Überwachung?“

„So wie im Krankenhaus, eine Möglichkeit, mit der er jederzeit Hilfe holen kann.“

Es kann so nicht weitergehen. Wenn ich nicht zufällig aufs Klo gegangen wäre, wer weiß, wie lange er geschrien hätte, alleine in seinem seltsamen Verschlag.

„Wir können ihn nicht einfach einsperren“, sage ich, „und dann so tun, als wäre nichts, während er die ganze Nacht schreit. Ich muss mit Klara reden.“

„Warum hast du es nicht schon gemacht? Sie ist schon den ganzen Morgen im Garten, Schnecken jagen.“

Um ehrlich zu sein, ich will nicht mit Klara reden, und Schnecken jagen auch nicht. Sie hat ihre eigene Art, Schnecken zu jagen: Sie macht es mit dem Messer. Sie geht durch den Garten und schneidet die Tiere in der

Mitte durch. Als Kind musste ich mitgehen, mit einem Plastikkübel, und mit einer kleinen Schaufel die Schneckenhälften aufsammeln. Immer wenn ich das Gewicht der toten Schnecken im Kübel gespürt habe, hätte ich am liebsten gekotzt.

Ich will das nicht noch einmal machen müssen, auch wenn ich jetzt erwachsen bin, und ich will ihr nicht noch einmal dabei zusehen, wie sie die Schnecken auseinanderschneidet.

„Ich rede später mit ihr, ich will noch etwas kaufen. Willst du auch einen Kaffee?"

„Nein", sagt Maria, „was willst du kaufen?"

„Ein Babyphon vielleicht. Damit könnte man ihn hören, wenn er um Hilfe ruft."

„Und warum keines von diesen Rettungsarmbändern? Da muss er bloß einen Knopf drücken und es kommt ein Rettungswagen und hilft ihm."

„Das versteht er nicht mehr, und außerdem, bis die kommen, vergeht viel Zeit, da wäre es doch besser, er kann jemanden im Haus holen: mich, solange ich da bin, und später Klara oder eine Pflegerin."

„Okay, ich bringe dich zum Geschäft, aber nur, wenn du morgen wirklich mit zum Bogenschießen kommst. Obwohl das Wetter heute ideal wäre."

„Das Wetter wird sicher halten."

„Dein Wort in Gottes Ohr."

„Ich will das nicht anstehen lassen mit Alfred. Und wir bräuchten auch eine neue Armatur für die Küche. Kennst du einen Handwerker?"

„Wir brauchen keinen Handwerker."
„Ich kann das nicht."
Maria lacht. „Ich schon."

Ich trinke den Kaffee aus und wir gehen vors Haus. Maria hat ihr Auto direkt vor der Türe geparkt. Es ist ein Toyota, metallic blau, mit auffälligen Zierkappen.

„Steig ein", sagt sie und schließt mit der Fernbedienung die Türen auf.

Klara steht hinten im Garten bei den Gemüsebeeten. Das Messer hat sie in der Hand und der Kübel steht neben ihr auf dem Boden.

„Das also ist Frau Gerlinde", sage ich.
„In ihrer ganzen Pracht, frisch gewaschen."
„Na dann", sage ich und steige ein.

Das Geschäft ist wirklich klein. Maria öffnet die Türe und eine Glocke klingelt. Dass es das noch gibt, eine Glocke, wenn ein Kunde das Geschäft betritt. Ich frage mich, ob die Angestellten in solchen Geschäften die Glocke überhaupt noch wahrnehmen.

Wir sind die einzigen Kunden, und der Verkäufer muss nicht auf das Geräusch achten, denn er sitzt hinter der Kasse mit direktem Blick auf den Eingang.

„Guten Morgen", sage ich.
Er grüßt zurück.
„Verkaufen Sie Babyphones?"
„Gratuliere", sagt er und schaut auf Marias Bauch, „aber Sie haben noch ein bisschen Zeit bis zur Geburt, oder?"

Hoffentlich bringt sie ihn nicht um. Sie schaut jedenfalls so drein, als könnte das passieren.

„Ja“, sagt Maria, „wir freuen uns schon so.“

Der Verkäufer lächelt und nimmt einen Karton mit einem Babyphon aus dem Regal. „Das hier hat Videoüberwachung und eine Temperaturanzeige. Damit können Sie den Kleinen“, er macht eine Pause, als versuche er sich zu erinnern, ob jemand das Geschlecht erwähnt hat, „oder die Kleine jederzeit sehen.“

„Es ist ein Bub.“ Maria verzieht keine Miene.

„Schön, gibt es schon einen Namen?“

„Alfred.“

„Sie können ihm auch Schlaflieder vorspielen.“

„Na wunderbar, dann kannst du ihm die ganze Nacht Musik machen, Schatz, wie schön.“

Jetzt übertreibt sie. Mich wundert, dass sie so mitspielt. Es ist zwar das Nachbardorf, aber die Chance, dass sie hier jemand kennt, ist groß.

„Video brauchen wir nicht“, sage ich, „haben Sie ein anderes Modell?“

„Das hier ist auch sehr gut.“ Er nimmt eine zweite Packung aus dem Regal. „Es hat auch eine Gegensprechanlage, dann können Sie den Kleinen später, wenn er größer ist, direkt fragen, was er braucht, und müssen nicht jedes Mal ins Kinderzimmer laufen.“

„Mein Schatz läuft gerne ins Kinderzimmer“, sagt Maria, „am liebsten würde er dort schlafen.“ Sie legt den Kopf auf meine Schulter.

15

Ich stelle die Einkaufstasche beim Eingang unter das Vordach auf den Boden. Maria zündet sich eine Zigarette an. Auf dem Heimweg hat es leicht zu regnen begonnen und der Wind bläst ihr das Streichholz zweimal aus, dann funktioniert es. „Halt mal“, sagt sie und gibt mir die Zigarettenschachtel in die Hand.

Ich drücke mich an die Türe, weil der Wind den Regen auch unter das Vordach bläst. Maria macht der Regen nichts aus.

Die Haustüre öffnet sich nach innen und ich stürze fast ins Haus. Heinz steht im Vorzimmer, sieht mich an und zuckt mit den Schultern.

> Rauchen ist ungesund. Haha. *Grinsendes Gesicht.*

„Danke“, sagt Maria, „du bist so fürsorglich.“

Heinz lacht. Ich frage mich, ob ich das Geräusch jemals aushalten werde. Er zeigt auf Marias Zigaretten und tippt auf seinem Tablet.

> Früher waren die gratis.

„Was war gratis?“

> Die Zigaretten, in der Arbeit, jeder zwei Packungen pro Monat.

„Aber man muss sie ja nicht selbst rauchen.“

> Verkaufen war verboten.

> Der Sheriff hat sie verkauft, den haben sie sofort rausgeschmissen.

„Wer ist der Sheriff?“

> Ein Mechaniker, den haben sie bloß Sheriff genannt.

„Okay“, sage ich, „der Sheriff.“

> Was habt ihr gekauft?

„Ein Babyphon“, sage ich, „für Alfred.“

Heinz lacht.

„Er hat geschrien, er hat die ganze Nacht geschrien, und ich will, dass er Hilfe holen kann. Es ist ja nur für die Nacht, damit wir ihm helfen können, damit ich höre, wenn es ihm schlecht geht.“

Heinz sieht mich an, dann den Boden, klappt sein Tablet zu und geht ins Haus.

„Vergiss es“, sagt Maria, „lass uns das Ding anschließen. Aber vorher essen wir. Ich bin hungrig, und du willst nicht mit mir arbeiten, wenn ich hungrig bin.“

„Okay, holen wir was zu essen.“

„Nicht irgendwas, ich will Würstel, komm mit.“ Maria dämpft ihre Zigarette aus. Sie geht ins Haus und durch die Türe zum Kühlraum.

„In dieser Tiefkühltruhe“, sagt sie, „ist ganz unten bestimmt noch Fleisch von einem Säbelzahntiger. Handgewürgt, aus der Steinzeit.“

„Säbelzahntiger haben nicht in der Steinzeit gelebt, sondern viel früher.“

„Du bist ja so klug. Hoffentlich kommt der Kleine nach dir.“ Maria schüttelt den Kopf und öffnet die Truhe.

Sie ist bis obenhin voll mit lauter Essen, Fleisch, Gemüse, alles durch das Plastik kaum sichtbar, und nirgendwo ein Karton, kein fertig gekauftes Produkt.

„Wenn der Kalte Krieg jemals heiß geworden wäre“, sagt Maria, „die beiden hätten hier lange überleben können.“

„Was machen wir jetzt?“

„Wir wühlen uns durch, suchen die Würstel, und den Rest lassen wir für die Archäologen zukünftiger Generationen drin.“

„Wir könnten einfach irgendwas aus dem Kühlschrank essen.“

„Ich will Würstel. Die Schwangerschaft, weißt du?“

Ich frage mich, wofür Klara so viel Fleisch braucht. Das wird alles kaputtgehen. Wahrscheinlich ist das meiste schon ungenießbar.

„Ich meine“, sage ich, „irgendwann sind Tiere für dieses Fleisch gestorben.“

„Ja, vor langer, langer Zeit. Schau mal.“ Maria hält eine eingedrückte Packung Wassereis hoch.

„Jolly, wie schön.“

„Hat sich seit den Neunzigern nicht verändert.“

„Woher weißt du das?“

„Mindestens haltbar bis 17.11.1998. Meinst du, das ist noch gut?“

Das will sie doch nicht wirklich essen? Das Eis ist seit über zwanzig Jahren abgelaufen, und bei Eis ist das Ablaufdatum sicherlich ernst gemeint. Da kann man nicht sagen, frieren wir es ein, dann hält es länger.

Aber sie hat die Kartonpackung schon aufgerissen und das erste Eis in der Hand.

„Jetzt komm schon“, sagt sie, „du wirst nicht der erste Mensch sein, der an einem Jolly stirbt.“

„Sterben nicht, aber Durchfall will ich auch nicht.“

„Jetzt sei keine Memme.“

Sie gibt mir das Eis und macht sich ein zweites auf. Wir setzen uns neben die Truhe. Maria singt, die Toten Hosen: „Ich schau ihr nur zu, und wer kniet über ihr? Es ist der Bofrostmann.“

„Ja, ja“, sage ich, „ist schon gut.“

„Und was hab ich gegen Bofrostmänner“, singt sie weiter, „ja was ist, was hab ich nur?“

„Hör auf.“

Maria steht auf, das Jolly in der Hand. „Warte“, sagt sie und holt ihr Handy aus der Hosentasche, „wir hören uns das jetzt an.“

„Was?“

„Den Bofrostmann.“ Sie tippt auf ihrem Handy. „Kaum WLAN-Empfang. Und fast kein Netz.“ Sie legt das Handy auf das Fensterbrett. „Vielleicht ist es hier besser.“

Ich breche mit den Zähnen die Schokoladeschicht von meinem Eis. „Schmeckt noch recht frisch.“

„Eben“, sagt Maria, und dann beginnt das Lied: „Also, das ist wirklich enttäuschend ...“

„Eigentlich geil“, sagt sie, „dass jemand sich vom Bofrostmann knallen lässt. Und noch dazu auf der Tiefkühltruhe. Aber wenn, dann auf einer richtig fetten Truhe und nicht auf einem blöden Kleingerät. Stell dir vor, entweder fällst du runter oder das Ding ist nachher kaputt, weil das Kühlmittel so durchgeschüttelt ist.“

Sie lacht und Campino singt: „Der Bofrostmann, der Bofrostmann, ich dachte, den gibts gar nicht mehr.“

„Was wollt ihr mit den Würsteln?“, fragt Klara. Sie sitzt neben Alfred am Küchentisch und liest Zeitung. Auf dem Herd köchelt eine Rindssuppe und daneben steht eine Schüssel mit Frittaten.

„Essen“, sagt Maria, „wir schmeißen die ins Wasser und dann installieren wir das Babyphon.“

„Es gibt Suppe.“

„Und Würstel.“

„Und was macht ihr mit einem Babyphon?“

Ich erkläre es ihr, erzähle ihr von der Nacht, und ich mache es wirklich vorsichtig, aber es ist nicht hilfreich, dass mittendrin Heinz ins Zimmer kommt, nochmal sein scheußliches Lachen lacht und sich vor den Fernseher setzt.

„Ich muss ihn einsperren“, sagt Klara, „er wandert sonst im Haus herum und verletzt sich. Nicht wahr, Papa?“ Sie klopft Alfred auf die Schulter.

„Aber in diesem Verschlag, muss das sein?“

„Es ist ein Zimmer, und es ist ein Zimmer ohne Fenster, da kann er sich nicht wehtun.“

„Aber man könnte doch im Mansardenzimmer die Fenster versperren.“

„Ich komme nicht gut ins Mansardenzimmer, und ich muss ihn jeden Tag ins Bett bringen und umziehen, das schaffe ich nicht mehr.“

„Mit ein bisschen Hilfe könnte es gehen. Die Pflegerin könnte das Babyphon haben und nach ihm sehen.“

„Klara will das nicht“, sagt Maria.

„Aber es geht doch so nicht weiter!“

„Tut, was ihr wollt, mit dem Babyphon", sagt Klara, „aber ins Haus kommt mir niemand. Ich weiß auch nicht, wozu du das machst. Es geht ihm gut in der Nacht. Nur manchmal träumt er schlecht, der Papa, nicht wahr?"

„Ja genau", sagt Alfred.

„Du kannst damit machen, was du willst, aber es kommt nicht in mein Zimmer."

Das war leichter als erwartet. Ich dachte mir, dass sie sich mehr wehren würde.

„Und", sagt Klara, „wenn der Papa nicht schlafen kann, kannst du ihm seine Schmerztropfen geben, stehen auf der Kommode." Sie blättert in ihrer Zeitung. „Schau, Papa", sagt sie, „jetzt ist schon wieder einer beim Schifahren umgekommen."

16

Ich nehme einen Löffel von der Suppe. Sie ist dünn und schmeckt ein bisschen abgestanden.

Auf dem Tisch steht eine Knoblauchpresse und eine Schüssel mit Schnittlauch. Bei Klara gibt es immer Knoblauch, den sie sich in die Suppe presst. Ich kann keinen Knoblauch essen, davon kriege ich Sodbrennen. Und von Würstel wird mir schlecht.

Klara beachtet mich zum Glück nicht, weil sie von Alfred und Maria, die beide Hunger haben und viel essen, begeistert ist. Ich bewege den Löffel vom Teller zum Mund und wieder zurück, ohne wirklich zu essen.

Maria isst ihre Würstel hastig, mit viel Senf.

„Hast du keinen Hunger?“, fragt mich Klara.

„Nein, ich habe eine Magenverstimmung.“

„Typisch Lehrer“, sagt Maria.

„Wie meinst du das?“

„Na ja“, sagt sie, „Lehrer haben doch immer Reizmagen, Reizdarm, Reiz-alles.“

„Sehr witzig.“

„Ist so.“

„Woher willst du das wissen?“

„Ich bin ehrenamtlich bei der Rettung.“

„Und ich Lehrer.“

„Eben.“

„Eben.“

„Kinder“, sagt Klara, „jetzt ist es dann genug. Daniel muss ja nichts essen. Maria ist hungrig und Papa auch, nicht wahr, Papa?“

„Ja genau“, sagt Alfred und schlürft seinen Löffel leer. Kleine Frittatenstückchen fallen ihm aus dem Mund und in seinen Teller.

„Funktioniert die Sauna eigentlich noch?“, fragt Maria.

„Ich glaube schon, aber ihr müsst sie ausräumen.“

„Lass uns das machen“, sagt Maria zu mir, „dann könnten wir mal in die Sauna, solange du da bist.“

„Okay, gerne“, sage ich.

Ich mag die Sauna, so grundsätzlich. Ich mag nur die anderen Leute nicht. Besonders die Männer, die sind meistens nicht nur hässlich, sondern auch ungustiös. Wenn einer in der Sauna die Biere und Zigaretten vom Vortag ausschwitzt, wird mir schlecht. Aber eine private Sauna, das ist anders. Dort kann man zu zweit rein oder alleine. Mit Maria würde ich gerne in die Sauna gehen.

„Ich bin fertig“, sagt Maria und sieht mich an. „Gehen wir eine rauchen?“

„Sicher“, sage ich und trage schnell meinen Teller zur Spüle, bevor Klara etwas sagen kann. Ich kippe den Inhalt weg und drehe das Wasser auf, bis sich die Gemüsestückchen und Frittaten im Abflusssieb sammeln.

17

Maria schließt das Garagentor hinter uns und zündet sich ihre Zigarette an.

„Kannst du dich noch erinnern?", frage ich Maria. „Maniac Mansion?"

„Sicher", sagt sie, „aber wie kommst du jetzt auf Maniac Mansion?"

„Das passt zu dem Haus hier. Und zu den Leuten."

„Meinst du mich?"

„Die Alten." Sie nimmt einen Zug und hält mir die Zigarette hin.

„Nein danke."

„Rauchst du nicht?"

„Wer raucht heutzutage schon noch?"

„Ich."

„Ich auch, aber das war einmal."

„Warum hast du aufgehört?"

„Das war, als ich an die Schule gegangen bin."

„Rauchfreie Schule?"

„Nein, ich wollte einfach einiges ändern."

„Mhm. Und davor?"

„Wie, davor?"

„Was hast du gemacht, bevor du Lehrer geworden bist?"

„Zuerst war ich Berater. Und dann bei einer Pharmafirma."

„Was hast du dort gemacht?"

„Studien zuerst, und dann Firmen gekauft. Also, nicht direkt gekauft, sondern beurteilt, ob sie Produkte haben, die uns interessieren könnten."

„Klingt interessant."

„Na ja."

„Und warum dann ausgerechnet Lehrer?"

„Ich wollte Menschen helfen."

Maria lacht. „Menschen helfen." Sie lacht noch einmal.

„Was ist?"

„Nichts, schon gut."

„Was meinst du?"

„Na ja, glaubst du nicht, dass man den Leuten manchmal gar nicht helfen sollte?"

„Nein."

„Auch, wenn sie nicht wollen?"

„Was willst du mir damit sagen?"

„Vielleicht solltest du Klara einfach machen lassen."

Wir stehen eine Zeitlang schweigend da. Maria raucht und ich komme mir vor wie der letzte naive Baumkuschler. Menschen helfen. Was für eine Formulierung.

„Wie hieß die böse alte Frau in Maniac Mansion nochmal?", frage ich, um Maria vom Thema abzulenken.

„Edna."

„Ah, Edna."

Maniac Mansion war ein Computerspiel, ein Adventure Game. Man musste mit dem Nintendo-Controller kleine Objekte anklicken und seinen Figuren Befehle geben, mit kleinen Satzbrocken. *Benutze roten Apfel mit Bernard* zum Beispiel. Ich habe keine Ahnung mehr, um was es gegangen ist, nur dass es Tentakelmonster gab, und eben Edna, die böse alte Frau. Wir haben ganze Nachmittage lang gespielt, auf Marias altem Nintendo.

Maria lacht. „Aber hier gibt es keine Tentakelmonster."
„Wer weiß, wir haben noch nicht alles gesehen."
„Aber die alte Schreckschraube, die passt."
Maria wirft ihre Zigarette auf den Boden. Ein trockenes Blatt beginnt zu glühen, brennt zwei, drei Sekunden, dann verlöscht die Glut.
„Gehen wir, sagt Maria, „das Babyphon installiert sich nicht von selbst."

Es gibt keine Steckdose. In diesem Verschlag von einem Zimmer gibt es nicht einmal eine Steckdose.
„Und was ist mit Batteriebetrieb?", fragt Maria.
„Wenn es sein muss, aber das ist mühsam."
„Und auf der anderen Seite?"
„Wie, auf der anderen Seite?"
Maria zeigt auf die Trockenbauwand. „Man könnte drüberklettern, in den Dachboden, da gibt es sicher Steckdosen. Und dann ein Kabel rüberlegen."
„Und was ist, wenn ich auf der anderen Seite nicht mehr raufkomme?"
„Da sind sicher Möbel, auf die man klettern kann."
„Ich weiß nicht."

„Lass es“, sagt sie und klettert über die Kommode auf die Wand. Sie springt auf der anderen Seite runter. „Komm, gib mir die Kabeltrommel rüber.“

„Sind da Möbel?“

Maria lacht. „Zwei oder drei.“

Ich klettere auch auf die Mauer und gebe ihr die Kabeltrommel, bevor ich selbst runterspringe. Gut, okay, sie hatte recht. Der Dachboden ist voller Möbel. Es riecht muffig, noch stärker als in Alfreds Verschlag auf der anderen Seite der Mauer. Ganz hinten steht ein kleiner Tisch, der mit einem weißen Laken bedeckt ist.

„Der heilige Schreibtisch“, sagt Maria.

Onkel Alfreds Schreibtisch war immer tabu. Früher war er im Mansardenzimmer, und er war das einzige Möbelstück, das wir Kinder nie ohne Onkel Alfred öffnen durften. In den Laden waren Zettel, Briefe, Stifte, viel Büromaterial und, vor allem, die Formulare. Onkel Alfred hatte immer Formulare, für Rechnungen, Lieferscheine und so weiter, die er mit seiner Füllfeder ausgefüllt hat, als er seinen Tischlereibetrieb noch hatte. Manchmal hat er mir Formulare geschenkt, und die habe ich zu Hause in meinem Kinderschreibtisch versteckt, aber nie ausgefüllt, weil ich sie nicht verderben wollte.

Ich stelle die Kabelrolle ab und öffne eine Lade. Wirklich, da sind sie noch, die Stempelkissen und Formulare.

„Was machst du?“, fragt Maria.

„Nichts“, sage ich, „ich schaue nur die Kommode an.“ Ich öffne eine weitere Lade.

„Bist du dir sicher, dass du das tun solltest?“, fragt sie.

„Ist doch egal, er braucht sie ja nicht mehr.“

In der Lade liegen zwei Briefe, sonst nichts. Auf dem Umschlag steht Klaras Mädchenname und eine Adresse in der Stadt, die ich nicht kenne. Die Schrift ist altmodisch, mit vielen Serifen, aber sehr sauber ausgeführt. Sie sieht aus wie von jemandem, der nicht oft schreibt, sich aber wirklich Mühe gemacht hat.

Ich nehme den Brief und drehe ihn um. Der Absender ist Alfred.

„Sicher ein Liebesbrief“, sage ich.

„Lass ihn uns lesen.“

„Wir können den doch nicht lesen.“

„Es merkt ja niemand.“

„Ich weiß nicht.“

„Bitte.“

Ich nehme den Brief aus dem Umschlag.

„Komm“, sagt Maria, „wir setzen uns hin.“ Sie zeigt auf eine Couch im hinteren Teil des Raums.

Die Couch ist sehr klein, mehr ein Fauteuil. Ich setze mich hin und Maria setzt sich halb auf die Armlehne, dicht neben mich. Ich spüre ihren Brustkorb, wie er sich beim Atmen hebt und senkt, und ihre Haare an meiner Wange.

„Und jetzt lies“, sagt sie.

Ich falte den Brief auf und lese ihn vor:

7.3.1963
Liebes Klara-Herzchen!
Ich möchte dir vor allem recht liebe Grüße senden, und Küsse. Ich muß dir schon auch sagen, daß ich dich sehr vermisse. Jetzt überhaupt wieder am Wochenende. Es wäre mir lieber, du wärst bei mir.
Wenn du nicht bei mir bist, fühle ich mich ein bißchen krank.
Wir haben hier wieder sehr viel Schnee, und es ist sehr kalt, obwohl es doch schon März ist! Hast du deine warmen Sachen an?

War da ein Geräusch? Es hört sich an wie Schritte, als würde jemand in Alfreds Zimmer gehen. Ich bin still. Man hört den Sessel rücken, dann nicht mehr.

„Klara?", sage ich.

Keine Antwort. Man hört auch keine Schritte mehr.

Ich freue mich schon sehr, wenn du bald heimkommst und ich dich umarmen kann! Bitte schreibe mir, schreibe mir gleich, damit ich weiß, daß es dir gut geht.
Ich bin schon am Ende und muß aufhören, weil einer Ausgang hat, der nimmt mir den Brief mit.
Recht herzliche Grüße und Küsse,
Dein
Freddy
P.S. Schreibe bald! Komme mir gesund und munter wieder.

Maria legt mir die Hände auf die Schultern, drückt sich weg und steht auf. „So ein wunderschöner Brief", sagt sie.

Ich nicke. „Wirklich sehr schön."

„Sollen wir ihn Klara bringen?"

„Sicher."

„Bestimmt hat sie ihn schon vergessen."

„Wir müssen noch die Steckdose suchen."

Maria dreht an der Kurbel der Kabelrolle. „Dort hinten", sagt sie, „ist eine Steckdose."

Ich nehme das Kabel und gehe zur Steckdose. „Hast du dein Handy dabei?"

„Warum?"

„Leuchte mal her, ob da eine Spinne ist."

„Ist doch egal."

„Mir nicht."

„Na gut." Sie schaltet die Taschenlampe ein und leuchtet in das Eck mit der Steckdose. „Oh Gott! Ist die groß!"

„Wo?" Ich weiche zwei Schritte zurück. Gleich kommt der Schweißausbruch. „Wo, Maria?"

„War ein Scherz", sagt sie.

„Das ist nicht witzig."

Maria lacht. „Keine Spinnen", sagt sie, „bist du jetzt zufrieden?"

18

Ich habe noch nie einen Wasserhahn angeschlossen. Aber ich glaube, dass Maria es kann und dass sie weiß, was sie tut. Jedenfalls ist sie nach dem Dachboden sofort Richtung Küche gegangen und hat ihren Rucksack mit der neuen Armatur darin mitgenommen. Ich spiele den Handlanger und bin in die Garage gegangen, die Rohrzange holen.

Auf der Werkbank liegt eine schmierige Schicht aus Staub und Fett. Ich nehme die Rohrzange aus ihrer Halterung. Sie fühlt sich klebrig an.

Ich öffne noch einmal die Laden und suche nach der Batterie, halb erwartend, dass ich sie finde, dass sie uns gestern irgendwie entgangen ist. Vor drei Jahren habe ich sie hier in die große Lade gelegt, ganz sicher.

Nur schade, dass Klara so gar keine Einsicht hat. Nicht einmal zu einer kleinen Entschuldigung hat sie sich durchringen können, obwohl sie im Grunde die Einzige ist, die die Batterie weggeräumt haben konnte.

Ich gehe zur Spüle gegenüber der Werkbank und drehe das Wasser auf. Ich lasse es laufen. Die ersten Sekunden kommt nichts, dann rostbraunes, dunkles Wasser, das metallisch riecht. Ich bin nicht ganz sicher, ob Wasser überhaupt metallisch riechen kann, aber so stelle ich es mir zumindest vor.

Ich halte die Rohrzange unters Wasser und versuche, die klebrige Schicht mit einem Schwamm wegzuwaschen. Es funktioniert nicht. Meine Finger werden schmierig und auf der Zange kleben schwarze Filzfädchen.

Schön für die Alten, dass so viel passiert. Zuerst das Babyphon und jetzt auch Installationsarbeiten in der Küche.

Maria liegt schon halb unter der Spüle und rüttelt mit beiden Händen am Siphon.

„Hier." Ich drücke ihr die Zange in die Hand.

„Wo hast du die gefunden, am Komposthaufen?"

„In der Garage hat schon länger niemand mehr geputzt."

„Lass das nicht Klara hören."

Maria nimmt die Rohrzange und lockert die Schraubverbindung des Siphons.

„Warum nimmst du den runter?"

„Weil ich sonst nicht zu den Wasseranschlüssen komme?"

„Aha."

„Du bist auch ein Spezialist, oder?" Sie gibt mir den Siphon und schraubt unter der Spüle weiter herum.

Der Siphon stinkt. Sie hat ihn vorsichtig abgenommen, um nichts zu verschütten.

„Daniel?"

„Ja?"

„Gibst du mir bitte den neuen Wasserhahn?"

„Warte, ich muss den Siphon kurz weglegen."

Ich schütte den Inhalt in die Spüle.

Maria schreit, als ihr die stinkende Suppe ins Gesicht rinnt. Sie springt auf, knallt mit dem Kopf gegen die Unterseite der Spüle, schreit noch einmal und wälzt sich dann unter der Spüle hervor. Die braune Flüssigkeit hat ihr T-Shirt durchnässt und in ihren Haaren kleben Essensreste.

„Spinnst du?“

Oh Gott. Oh Gott. „Entschuldige, ich wollte nur –“

„Wolltest, wolltest! Du kannst doch den Scheiß nicht in die Spüle schütten, wenn ich drunterliege!“

Sie hält sich den Kopf.

„Immerhin“, sage ich, „kein Blut.“

„Jetzt werd nicht frech.“

Sie geht aus dem Zimmer, ich ihr nach.

„Lauf mir nicht nach!“

„Wo gehst du hin?“

„Was denkst du denn? Ich wasche mich.“

Sie geht ins Badezimmer und ich bleibe im Vorzimmer stehen. Ich höre sie drinnen schimpfen.

Nach ein paar Minuten kommt sie zurück. Sie geht an mir vorbei in die Küche, legt sich wieder unter die Spüle und schraubt wortlos weiter.

„Maria?“

„Ja?“

„Entschuldige.“

„Mhm.“

„Du?“

„Ja?“

„Ein bisschen lustig war das schon."
„Zu bald, mein Lieber, zu bald."

Sie schraubt noch ein wenig, es macht einen Ruck und sie sagt: „Zieh mal die alte Armatur nach oben raus. Und schütte bitte diesmal nichts in die Spüle."

„Okay." Ich ziehe die alte Armatur heraus und stecke die neue hinein.

Maria grunzt und die Armatur wackelt.

„Alles okay?"

„Ich muss nur die Anschlüsse zurechtbiegen."

„Soll ich dir helfen?"

„Das Burgfräulein biegt seine Rohre selbst."

„Maria?"

„Ja?"

„Ist das Burgfräulein noch böse?"

„Nein."

„Es war schon witzig."

„Du bist ein Depp."

Ich sage nichts und schaue ihr zu, wie sie Rohre zurechtbiegt, anschraubt und den Siphon wieder aufsetzt.

„Daniel?", sagt sie, immer noch unter der Spüle liegend.

„Ja?"

„Kannst du mir hier unten kurz etwas festhalten?"

Ich beuge mich zu ihr, und als ich nahe genug bin, schmiert sie mir dreckiges Abwaschwasser ins Gesicht.

„Was machst du?"

Maria kann sich kaum halten vor Lachen. „Ich wasche dich. Und, Daniel?“

„Ja?“

„Du weißt, dass du die Sauna alleine ausräumen wirst?“

19

Glaswolle gehört zum Ekeligsten, das ich mir vorstellen kann. Abgesehen von Spinnen vielleicht. Ich habe zwar Arbeitshandschuhe gefunden, aber jedes Mal, wenn ich eine der Platten angreife, habe ich das Gefühl, dass ich die kleinen Glasnadeln in meinen Händen spüren kann.

Als Kinder haben wir Juckpulver geliebt, das wir aus Hagebutten hergestellt haben. Nur einmal, als es einen ganzen Sommer lang keine Hagebutten gab, haben wir es mit Glaswolle versucht, ein einziges Mal, und haben uns gegenseitig ganze Hände voll unter die T-Shirts gestopft. Wir haben danach lange unter der Dusche verbracht, aber unsere Rücken und Hände waren voller kleiner Glasnadeln, die unsere Mütter einzeln mit der Pinzette entfernen mussten.

Ich trage die letzte Platte aus der Sauna in die Garage und stelle sie zu den anderen. Ich ziehe die Handschuhe aus, zuerst den rechten, dann, vorsichtig, mit den Fingerspitzen, den linken.

„Maria?"

„Ja?"

„Es riecht ein bisschen nach Abwasser hier."

„Zu früh, lieber Daniel."

„Immer noch?"

„Für die Meldung spielst du jetzt gleich die Bösen."

„Die Bösen?"

Sie zeigt auf einen Karton im Regal. „StarQuest. Wir spielen nachher StarQuest."

StarQuest ist ein Brettspiel. Ein Spieler spielt die bösen Aliens und alle anderen die Space Marines.

Maria mag das blaue Team am liebsten, die Ultramarines. Aber weil sie alleine gegen meine Aliens antreten muss, kriegt sie die gelben Figuren dazu, damit es nicht unfair wird. Das gelbe Team waren, glaube ich, die Imperial Fists.

„Nimmst du den Blaster für den Kommandanten?“, frage ich.

Maria nimmt nie den Blaster, niemals den Blaster, immer das Kettenschwert und die Pistole. Der gelbe Kommandant trägt schon das Schwert, nur dem blauen Kommandanten muss sie es noch anstecken.

„Ist das eigentlich das richtige Spiel für Allerheiligen?“, frage ich. „Aliens jagen auf einer verlassenen Raumstation?“

„In der Bibel steht nichts von Aliens, und außerdem ist Allerheiligen erst morgen“, sagt sie. „Eigentlich interessant, dass sich das Spiel so gut gehalten hat.“

„Kennst du die Regeln noch?“

„Sicher“, sagt Maria, „die Regeln gehen so: Du setzt dich hin, wir fangen an, wir spielen, ich mach dich fertig, Spiel vorbei.“

20

Ich kann nicht einschlafen. Es gibt eigentlich kein Problem, alles ist ruhig im Haus, aber ich kann trotzdem nicht schlafen. Vielleicht ist es gerade die Ruhe? Ja, die Ruhe ist das Problem. Ich kann nicht schlafen, weil eben niemand schreit, weil das Babyphon keine Geräusche macht, weil Alfred sich eben nicht meldet. Würde er sich melden, wenigstens einmal, dann wäre es leichter, ich könnte ihm helfen und mich wieder hinlegen. Aber so kann ich nicht einmal sicher sein, ob das Babyphon überhaupt funktioniert.

Ich habe schon die Anleitung gelesen. Es schlägt nur an, wenn Alfred ein Geräusch macht, das eine gewisse Grundlautstärke übersteigt. Nur: Der Hersteller hat sicher nur an Babys gedacht, nicht an alte Männer. Und Babys schreien ja gleich richtig, wenn sie schreien, da schlägt es sicher gleich an. Aber Alfred, wer weiß? Wenn er nur leise wimmert, höre ich das durchs Babyphon? Hätten wir es testen sollen? Wir hätten es testen sollen.

Wenn ich schon nicht schlafen kann, könnte ich ja nachsehen, ob es Alfred gut geht, und dann könnte ich vielleicht einschlafen.

Ich könnte auch das Babyphon abschalten, die Türe zumachen und einfach schlafen. Ich bin schließlich nicht für ihn verantwortlich, und Alfred ist kein Baby, er ist ein erwachsener Mann. Aber das geht auch nicht.

Ich klettere aus dem Bett, langsam, damit mein Blutdruck mitspielt, und natürlich wird mir trotzdem schwarz vor Augen und ich muss mich an der Wand abstützen.

So geht das nicht weiter. Ich kann nicht jede Nacht schlecht schlafen, und Klara dann später auch nicht, wenn ich nicht mehr da bin. Sie brauchen eine Pflegerin, die die Nächte übernehmen kann. Die Pflegerin könnte ja hier wohnen, im Mansardenzimmer, und zwei Babyphones haben. Sie könnte für Heinz und Alfred sorgen, und Klara hätte ihre Ruhe.

Als ich die Augen wieder öffne, ist der schwarze Schleier weg. Ich schlüpfe in die Hausschuhe, nehme das Babyphon und gehe langsam die Stiege hinunter.

Ich gehe zur Toilette, dann zu Alfreds Polstertüre und horche an der Türe. Nichts, kein Geräusch. Ich drücke die Türklinke langsam hinunter. Sie quietscht ein wenig. Ich sollte sie ölen, gleich morgen sollte ich sie ölen. Das wäre das Schlimmste: Alfred aufzuwecken, obwohl er geschlafen hat, und dann schläft er vielleicht die restliche Nacht nicht mehr. Ich öffne die Türe, nur einen Spalt, und leuchte mit dem Display meines Handys in den Raum.

Gerade will ich hineingehen, da kreischt das Babyphon auf. Eine Rückkoppelung, oh Gott, eine Rückkoppelung. Mein Herz klopft. Wahrscheinlich habe ich jetzt einen Herzinfarkt, und Alfred aufgeweckt noch dazu. Ich hole das Babyphon aus meiner Hosentasche und schalte es ab, was mir zuerst nicht gelingt, weil meine Finger zittern.

Er ist nicht da. Das Bett ist leer, im ganzen Zimmer kein Alfred. Er muss aufgestanden sein, so leise, dass das Babyphon es nicht registriert hat. Wie laut muss man sein, damit das verdammte Ding anschlägt? Wir hätten es testen sollen.

Wo kann er sein? Nicht auf dem Dachboden, das ist klar. Über die Mauer schafft er es nicht. Vielleicht ist er in die Küche gegangen oder ins Wohnzimmer, hat geglaubt, es sei schon der Morgen, und jetzt sitzt er vielleicht in der Küche und wartet auf sein Frühstück.

Oder er ist abgehauen. Das weiß man ja, von dementen Alten, dass sie manchmal einfach losmarschieren, dass sie das Haus verlassen, glauben, sie seien auf dem Weg zur Arbeit, zum Bäcker oder sonst wohin, und dann erfrieren sie irgendwo im Straßengraben. Und ich bin schuld. Ich hatte das Babyphon, ich hätte es hören müssen, ich hätte es testen, es richtig einstellen müssen, aber ich habe es nicht gemacht.

Im Wohnzimmer läuft der Fernseher. Heinz liegt auf der Couch und schläft. Ich leuchte den Raum aus, die Küche, aber kein Alfred. Er ist nicht hier.

Ich gehe hinaus auf den Gang, auch hier nichts, dann gehe ich ins Bad, ins Klo, in den Vorraum. Nirgends eine Spur.

Vielleicht ist er zu Klara ins alte Ehebett gegangen, aus Gewohnheit. Wenn das so wäre, sollte ich die beiden nicht stören. Geht mich ja nichts an, wenn ein fremdes Ehepaar gemeinsam im Bett liegt. Aber ich muss nachsehen, ich muss zumindest wissen, dann weiß ich ihn in Sicherheit und kann weiterschlafen.

Ich öffne die Türe zum Schlafzimmer, sehr leise, und leuchte wieder mit dem Handydisplay. Aber da liegt nur Klara im Bett, sie ist alleine, auch hier keine Spur von Alfred.

Ich gehe ins Erdgeschoß. Die Haustüre ist von innen versperrt und in der Garage ist er auch nicht, auch nicht in der Sauna, nirgends. Ich leuchte aus dem offenen Garagentor hinaus auf den Vorplatz. Oh Gott, hoffentlich ist er wirklich nicht einfach hinausgegangen, vielleicht vor Stunden, und irgendwo erfroren.

Ich muss Klara aufwecken. Ich muss es ihr sagen, dann müssen wir die Polizei holen.

Die Polizei. Ich schreibe Maria. Sie weiß vielleicht Rat. Leise schließe ich die Schlafzimmertüre wieder und schreibe Maria eine Nachricht.

– Maria?

– Maria?

Sie antwortet nicht. Ich gehe den Gang auf und ab, das Handy in der Hand, und schreibe nach ein paar Minuten noch einmal.

– Maria?

– ja? weißt du, wie spät es ist?

– Entschuldige.

– und?

– Bist du wach?
– jetzt schon
– Alfred ist verschwunden.
– was???
– Er ist weg, ich habe schon überall gesucht.
– überall?
– Ja, überall.

Maria soll ihre Kollegen anrufen, am besten selbst kommen, und dann müssen sie ihn suchen.

Ich will gerade Maria noch einmal schreiben, da höre ich das Geräusch. Es kommt von unten, aus dem Erdgeschoß.

– daniel?
– hallo?

Ich schalte die Taschenlampe ein. Die Türe zum Stall steht offen.

„Alfred", sage ich, „bist du da drin?"

– daniel? hallo?

„Ja genau." Es ist ganz leise, wie ein Wimmern. „Ja genau, ja genau."

Es kommt von ganz hinten im Raum.

Alfred sitzt im Schweinekobel, sitzt in seinem Pyjama auf dem eiskalten Boden. Das linke Hosenbein ist zerrissen und er blutet am Knie.

„Ja genau", sagt er, „ja genau."

„Alfred, was machst du hier?"

„Ja genau."

„Ich weiß, du kannst es mir nicht sagen."

„Ja genau." Er sieht mich an. Er kann es nicht sagen, aber er hat Angst, ganz sicher.

– Hab ihn gefunden.

– Ihre Nachricht konnte nicht gesendet werden.

„Komm, Alfred", sage ich, „du bist verletzt. Hast du Schmerzen?"

„Ja genau."

„Komm, du brauchst ein Pflaster, und du solltest ins Bett."

„Ja genau." Er macht keine Anstalten aufzustehen.

„Komm", sage ich, „ich muss hier raus und Maria schreiben, sie macht sich Sorgen."

Ich halte ihm die Hand hin.

„Bitte, Alfred, ich muss wirklich Maria schreiben, dass alles gut ist."

„Maria."

„Hast du gerade ‚Maria' gesagt?"

„Ja genau." Alfred steht auf und macht sich, ohne auf mich zu warten, auf den Weg.

„Ich komme gleich nach", sage ich, „ich suche noch ein Pflaster."

– er hat was?

– Er hat Maria gesagt.

– kann nicht sein

– Doch.

– lass uns morgen drüber reden

– der arme, bring ihn ins bett
– Mache ich.
– aber ich freu mich
– gute nacht
– Gute Nacht.

Ein Pflaster. Ich habe keine Ahnung, wo Klara Pflaster hat. Ob sie überhaupt Pflaster hat. Ich gehe ins Badezimmer im Erdgeschoß und durchsuche die Kästen. Ich finde eine alte, braune Pflasterrolle, die Art mit den großen Perforationen, die über der Wundauflage in die braune Klebefläche gestanzt sind. Ich schneide ein Stück mit der Nagelschere ab und gehe hinauf in den ersten Stock.

Alfred sitzt aufrecht im Bett und schreit. Die Hände hat er gefaltet, als würde er beten. Seine Knöchel sind weiß, und er schreit. Er schreit keine Worte, er schreit einfach nur, er presst seine Schreie in kurzen Stößen heraus.

„Alfred", sage ich und berühre ihn an der Schulter, „es ist doch alles gut." Es war doch wirklich gerade noch alles gut.

„Ja", schreit er jetzt, „ja, ja, ja!"

„Alfred", sage ich, „mit Maria ist alles gut, mit dir ist alles gut, beruhig dich."

„Ja!"

„Hast du Schmerzen?"

„Ja", schreit er, „ja genau!"

„In Ordnung, dann nimm dein Schmerzmittel."

Ich nehme das Schnapsglas von der Kommode und gebe dreißig Tropfen von dem Schmerzmittel hinein.

„Hier", sage ich, „trink das", und halte Alfred das Glas an die Lippen.

Er stößt es weg und die Medikamente rinnen über meine Hand auf seine Pyjamahose. „Ja", sagt er, „genau", und zeigt auf seine Hose und sein Knie, „ja genau."

„Alfred, du solltest wirklich deine Tropfen nehmen."

Ich gehe nochmal zu der Kommode und zähle dreißig Tropfen ab. Meine rechte Hand ist nass und ein wenig klebrig.

„Alfred, es ist wirklich spät, es ist alles gut, du hast dein warmes Bett, es geht allen gut, und du musst jetzt dein Schmerzmittel nehmen."

„Ja", sagt er und presst die Lippen aufeinander, „ja genau." Er faltet wieder die Hände und presst sie zusammen. Die Hose ist ihm viel zu groß und sie schlottert an seinen Beinen. Auf dem Oberschenkel ist ein nasser Fleck von den Tropfen.

„Ich weiß nicht, wo deine Pyjamahosen sind, aber ich kann dich abtupfen."

Ich nehme ein Taschentuch aus der Box und will ihn am Oberschenkel abwischen. Er schlägt meine Hand weg und faltet dann die eigenen Hände wieder.

„Ja genau."

„Zumindest das Pflaster, lass mich zumindest das Pflaster aufkleben."

Er lässt es geschehen, und ich klebe das Pflaster auf die Abschürfung am Knie. Die Wunde ist ein wenig schmutzig, aber nicht sehr, und ich will sie jetzt nicht auch noch desinfizieren, ich wüsste ja nicht einmal, womit.

„Und jetzt bitte nimm die Tropfen, sie werden dir helfen, bitte nimm jetzt die Tropfen. Ich will auch schlafen, ich bin müde, und wir haben morgen viel vor. Es ist Allerheiligen, Maria kommt auch, weißt du?"

Als ich Marias Namen erwähne, sieht er mich an. „Ja genau."

„Eben, und da sollten wir fit sein. Und damit wir beide fit sein können, musst du jetzt dein Schmerzmittel nehmen und schlafen."

Ich halte ihm das Glas hin. Er lässt zu, dass ich es zu seinem Mund führe, nimmt einen winzigen Schluck und spuckt die Tropfen dann aus.

„Alfred, ich weiß ja, dass die nicht gut schmecken, aber du musst sie nehmen. Wirklich, sonst schläfst du nicht, und Schmerzen hast du, also nimm bitte endlich die Tropfen." Ich halte ihm das Glas hin. „Du kannst es auch selbst festhalten", sage ich, „gar kein Problem, nur trink bitte die Tropfen."

Er macht keine Anstalten, seine Hände zu lockern.

„Für Maria", sage ich, „nimm sie für Maria, oder für Klara, nimm sie für wen immer du willst, nur nimm endlich die Scheißtropfen."

Ich halte ihm das Glas an die Lippen, ein wenig zu fest, und er schreit auf. „Ja genau", jammert er, „ja genau."

„Jetzt schluck sie, sofort. Ich will schlafen, ich will verdammt nochmal schlafen. Ich will dich nicht einsperren", sage ich, „aber wenn du mich zwingst, muss ich es tun. Aber wenn du deine Tropfen nimmst, kann ich die Türe offenlassen, und du kannst schlafen, und ich auch. Das wäre doch schöner."

Er reagiert nicht. Sieht mich nicht einmal an, sitzt nur da, mit seinen gefalteten Händen.

„Na gut", sage ich und stelle das Glas auf die Kommode. „Wenn du nicht willst, dann muss ich dich eben einsperren. Schade, aber du hast es dir selbst ausgesucht."

Er sagt nichts, schreit auch nicht, und ich sperre die Türe von außen zu.

21

Wir müssen etwas unternehmen. Im Stall ist es eiskalt, und hätte ich Alfred nicht gefunden, er hätte sich den Tod holen können.

Es wird bald zehn Uhr und er ist immer noch nicht aufgestanden.

„Sollen wir ihn aufwecken?“, frage ich Klara.

Klara steht in der Küche und schält Äpfel für einen Apfelstrudel. „Lass ihn schlafen.“

„In der Nacht war er vollkommen verwirrt“, sage ich, „sollen wir nicht nachsehen, ob es ihm gut geht?“

„Von mir aus, dann schau nach, aber weck ihn nicht auf. Wenn du ihn aufweckst, kennt er sich wieder nicht aus und dann müssen wir ihn erst wieder einsperren.“

Ich glaube nicht, dass es der Stand der modernen Medizin ist, Demenzkranke in eine Gummizelle zu sperren. Und genau das ist Alfreds Zimmer ja: eine Gummizelle. Eine möblierte Gummizelle vielleicht, aber das macht es nicht besser. Man kann nicht einen erwachsenen Menschen in ein Zimmer sperren und schreien lassen, bis er vor Erschöpfung einschläft.

„Ich gehe nachsehen“, sage ich und gehe ins Vorzimmer und nach hinten zu Alfreds Zimmer. Ich drehe den Schlüssel und öffne die Türe. Das heißt, ich will sie öffnen, weil sie klemmt. Ich kann mich nicht einfach gegen die Türe werfen. Was ist, wenn Alfred dahinter am Boden liegt? Das kann ich nicht riskieren.

Ich drücke sie langsam weiter auf. Es fühlt sich nicht an wie ein Mensch, der da hinter der Türe liegt. Es lässt sich verschieben, und es fühlt sich auch nicht so weich oder federnd an, sondern hart, wie ein Möbel. Ich leuchte mit der Taschenlampe hinein. Es ist der Sessel. Der Sessel ist umgefallen und hat die Türe blockiert, weil er sich mit der Lehne unter der Kommode verkantet hat.

Alfred liegt im Bett, zugedeckt bis zur Nasenspitze. Ich leuchte hin. Er bewegt sich und dreht sich auf die andere Seite. Ich schalte die Taschenlampe aus, schließe die Türe und gehe ins Wohnzimmer zurück.

– morgen
– Guten Morgen.
– wie war die nacht noch?
– Ganz okay.
– hat er geschlafen?
– Ja. Wir holen jetzt den Arzt.
– den arzt?
– Ja, ich will, dass er ein Schlafmittel bekommt.
– okay.
– Kommst du noch vorbei?
– nein
– Und zum Friedhof?
– mal sehen
– Du kannst mich dort nicht alleine lassen!

– magst du nachher zu mir kommen? wir könnten nintendo spielen
– Du musst auf den Friedhof kommen!
– mal sehen

„Er schläft“, sage ich zu Klara.

Sie hat den Esstisch mit Geschirrtüchern ausgelegt und zieht den Teig für den Apfelstrudel. „Gut“, sagt sie und dehnt den Teig in der Luft mit beiden Händen, bis in der Mitte ein Loch reißt. „Ach, jetzt hast du mich abgelenkt.“

„Was macht Alfred mitten in der Nacht im Stall?“

„Er ist verwirrt, Daniel, und verwirrte Menschen machen solche Sachen.“

„Wir sollten den Arzt holen.“

„Wozu sollen wir den Arzt holen? Wir brauchen keinen Arzt. Es geht uns gut.“

„Es geht euch nicht gut. Lass mich wenigstens den Hausarzt anrufen, für einen Hausbesuch, vielleicht gibt es Medikamente für Alfred, für die Nacht.“

„Na gut, dann ruf halt den Hausarzt an. Du kannst das Telefon im Erdgeschoß nehmen, an der Wand beim Eingang.“

Sie knetet den Teig zu einem Ball und beginnt, ihn wieder neu auszuziehen.

„Sag ihm, es gibt Apfelstrudel, dann kommt er vielleicht noch heute. Und dann müssen wir den Papa aufwecken, heute ist Allerheiligen.“

„Warum, vorhin wolltest du ihn doch noch ein bisschen schlafen lassen?“

„Ja“, sagt sie, „aber jetzt kommt der Doktor. Ungewaschen kommt der Papa dem Doktor sicher nicht unter die Augen.“

„Aber der ist sicher gewohnt, dass nicht immer alle frisch geduscht sind, wenn er kommt, das liegt ja in der Natur der Sache.“

„Die Natur der Sache“, sagt Klara, „ist, dass man dem Doktor nicht ungewaschen unter die Augen tritt. Das ist eine Frage des Anstands. Oder würdest du stinkend zum Arzt gehen?“

„Nein.“

„Siehst du.“

Natürlich würde ich duschen. Aber in einem Notfall – und ich finde schon, dass es ein Notfall ist, wenn man die ganze Nacht vor Angst gegen die Türe schlägt –, im Notfall wäre es mir egal, wie ich aussehe oder rieche, und ich wäre dankbar, wenn jemand kommt und mir hilft.

Ich gehe zu Alfreds Zimmer und klopfe an die Türe. Es ist natürlich sinnlos, an die Polsterung zu klopfen, noch dazu, wo er ein so leises Geräusch im Schlaf schon gar nicht hören könnte. Ich klopfe noch einmal und öffne dann die Türe.

Alfred liegt auf dem Bett, fast, wie ich ihn verlassen habe, als wäre er einfach nur im Sitzen seitlich umgefallen und eingeschlafen.

Wie soll ich ihn jetzt wecken? Vielleicht rastet er aus, wenn ich ihn anspreche. Vielleicht hat er Angst oder nimmt es mir übel, dass ich ihn in der Nacht eingesperrt habe.

Ich gehe vorsichtig näher und berühre ihn an der Schulter.

„Alfred."

Er reagiert nicht.

„Alfred", sage ich ein wenig lauter und greife fester zu.

Wieder nichts.

„Alfred", sage ich nun direkt in sein Ohr, da macht er die Augen auf.

„Ja genau."

Als hätte er nie geschlafen. Er schlägt meine Hand weg.

„Ja genau, ja genau."

„Alfred, es ist alles okay, es ist nur Zeit zum Aufstehen."

„Ja genau." Alfred macht keine Anstalten, sich aufzusetzen.

„Du musst duschen gehen."

„Ja genau." Er bleibt immer noch liegen.

„Klara hat es gesagt."

Alfred sieht mich an. „Ja genau."

„Papa, wir gehen jetzt duschen." Klara betritt hinter mir das Zimmer.

Jetzt, wo wir zu dritt in dem Raum sind, merkt man erst, wie klein er eigentlich ist.

„Ja genau."

„Der Doktor kommt, Papa, da musst du sauber sein, verstehst du das?“

„Ja genau.“ Alfred nickt.

Das ist neu. Ich habe ihn noch nie nicken sehen. Falls es wirklich ein Nicken war. Oder nickt er einfach nur, weil man halt nickt, wenn man „ja“ sagt? Wie auch immer, er kommt mit, er macht keine Szene und es läuft erstmal gut, also ist es im Grunde egal, warum er es macht. Hauptsache, er folgt.

22

Klara dreht das Wasser auf und prüft die Temperatur. „Ich mache das schon."

„Nein", sage ich, „ich helfe gern."

„So wie vorgestern?"

„Du brauchst Hilfe."

Sie dreht das Wasser ab. „Er ist mein Mann", sagt sie, „und ich brauche deine Hilfe nicht. Aber du kannst bleiben, wenn du willst."

Es ist ja wirklich offensichtlich, dass sie das nicht kann. Es wird nicht funktionieren, und er wird stürzen. Sie braucht mindestens einen Badelift. Ich sollte ihr gleich am Montag einen Badelift kaufen. Und vielleicht wäre eine Pflegerin auch gut, zwei- oder dreimal die Woche, nur zum Duschen und Rasieren, dann kann Klara ausspannen, während Alfred gepflegt wird. Und wenn sich die Pflegerin noch ein bisschen um Heinz kümmert, um seine Ernährungssonde und seine anderen Probleme, dann könnte es funktionieren. Man muss es nur organisieren und sich Hilfe holen, dann kann man zu Hause sein bis ganz ins hohe Alter. Dass es irgendwann nicht mehr geht, klar. Dann muss man ins Heim, aber das ist keine Option. Erstens wartet man eine Ewigkeit auf einen Platz, und zweitens sollte niemand in ein Heim müssen. Seltsam eigentlich, dass niemand dorthin will und trotzdem alles überfüllt ist. Also: Am Montag kaufe ich einen Badelift und dann organisiere ich gleich eine Pflegerin.

Alfred setzt sich, langsam, und ich erwarte fast, dass er stürzt, aber dann sitzt er auf der Krokodilmatte und Klara prüft noch einmal die Wassertemperatur. Sie ist zufrieden und beginnt ihn abzuduschen, die Beine zuerst, seine aufgestellten Knie, dann die Schulter, den Brustkorb, den Rücken und schließlich die Haare. Alfred schließt die Augen und senkt den Kopf. Er ist ganz ruhig, nur als Klara das verletzte Knie abduscht, zuckt er kurz zusammen.

„Braunes Pflaster, wer war denn das?“

„Ich.“

Sie ignoriert mich.

„Wir müssen das vorsichtig abziehen, Papa, sonst gibt das eine Wunde.“

Klara duscht noch eine Zeitlang auf das Pflaster und zieht es dann, ganz langsam, mit Daumen und Zeigefinger von einem Eck her ab.

Die Wunde sieht gut aus, glaube ich. Ich verstehe nichts von Wunden, aber es ist ja eigentlich nur eine kleine Abschürfung.

„Gib mir mal das Shampoo“, sagt Klara.

Ich gebe ihr die Flasche.

„Nicht das. Das andere. Er mag den Geruch von dem hier nicht.“

„Ja genau.“

Ich nehme eine zweite Flasche aus dem Regal.

Klara nickt. Sie hält mir die hohle Hand hin und ich spritze einen großen Klecks Shampoo hinein. Sie verteilt es auf beide Hände und beginnt dann, es in Alfreds Haare und Kopfhaut einzumassieren.

Ich stelle die Flasche zurück. „Kann ich dir helfen?“

„Schsch.“

„Was?“

„Leise“, flüstert Klara, „sei leise.“

Sie massiert weiter, und Alfred seufzt.

„Das mag er am liebsten.“

Ich stehe nur da und beobachte die beiden, weil ich das Gefühl habe, ich würde den Moment, den sie gerade haben, zerstören, sobald ich irgendetwas mache. Sie bemerken mich nicht, beide nicht, und es fühlt sich an, als wäre ich gar nicht da.

Ich stelle die Shampooflasche vorsichtig auf den Badewannenrand, langsam, um ja kein Geräusch zu verursachen.

Klara hört auf zu massieren, nimmt den Duschkopf zur Hand, prüft noch einmal die Temperatur und spült Alfred mit langsamen Bewegungen das Shampoo aus dem Haar.

Ich drehe mich leise zur Türe.

„Danke“, sagt Klara, ohne mich anzusehen, „wir kommen zurecht.“

23

Die Sprechstundenhilfe war sehr freundlich. Sie hat gleich einen Hausbesuch zugesagt, noch heute früh, vor der Prozession auf dem Friedhof. Den Strudel habe ich mit keinem Wort erwähnt.

Der Arzt hat bestimmt etwas, das Alfred hilft. Und wenn es nur ein Schlafmittel ist, damit er nicht die ganze Nacht gegen die Polstertüre schlagen muss.

Der Arzt kommt eine Stunde später. Er fährt direkt in den Hof und sperrt sein Auto nicht ab. Er sieht deutlich jünger aus als ich, jünger, als jemand aussehen sollte, der schon fertiger Arzt ist. Lassen die die jetzt schon direkt von der Uni weg Hausarzt werden? Ich bin nicht sicher, ob ich einem so jungen Arzt vertrauen kann oder ob ich ihm vertrauen könnte, wenn es um mich selber ginge.

Und er hat auch noch tatsächlich eine braune Arzttasche. So eine klassische Landarzttasche, wie von vor fünfzig Jahren. Ich frage mich, ob es ein Geschäft oder Versandhaus gibt, das sowas verkauft. Also gezielt verkauft, Retrotaschen und Mode für den modernen Landarzt.

Freundlich sieht er ja aus. Er stellt seine Tasche hinter der Türe ab und gibt Klara die Hand, dann mir.

„Dr. Brunner“, stellt er sich mir vor.

„Dr. Kobicek.“

„Sind Sie ein Kollege?“

„Biologe.“

Brunner sieht mich kurz an, vielleicht ein oder zwei Sekunden. „Aha." Er wendet sich Klara zu. „Hallo", sagt er und begrüßt dann auch Alfred. „Was kann ich denn für euch tun?"

„Bitte, komm erst einmal herein", sagt Klara, „willst du einen Kaffee?"

„Sehr gerne", sagt Brunner und wir gehen alle in die Küche.

„Ja genau", sagt Alfred.

Klara stellt uns Kaffee hin – zuerst Brunner, dann mir und sich. Alfred bekommt keinen.

„Was fehlt dir denn?", fragt der Arzt Klara und nimmt einen Schluck. „Die Knie?"

„Nicht mir", sagt Klara, „es ist der Papa."

„Geht es dir nicht gut, Alfred?"

„Ja genau."

„Er ist dement", sage ich, „er sagt immer ‚Ja genau'."

„Ich weiß", sagt Brunner.

„Ja genau."

Klara stellt Brunner ein großes Stück Apfelstrudel hin.

„Danke", sagt er und sticht mit der Gabel betont langsam einen großen Bissen herunter, „deshalb komme ich immer gern zu dir."

Der Kaffee ist stark, viel stärker als sonst, und ich stelle die Tasse nach dem ersten Schluck wieder weg. Wenn Klara das so trinkt, braucht sie selbst einen Arzt. Aber sie macht ohnehin keine Anstalten zu trinken, sie lässt die Tasse vor sich stehen.

„Der Papa“, sagt sie, „dem geht es eigentlich gut.“

„Es geht ihm nicht gut“, widerspreche ich, „und deswegen haben wir Sie auch angerufen. Er schreit die ganze Nacht und schläft dann den halben Tag. Und ich finde nicht, dass man das ‚gut‘ nennen kann, Tante Klara. Und gestern Nacht habe ich ihn im Schweinestall gefunden.“

„Träumst du schlecht?“, fragt Brunner.

„Ja genau“, sagt Alfred.

Keine Ahnung, warum er dauernd versucht, mit Alfred zu reden. Es macht nicht besonders viel Sinn, er sagt ja immer nur dasselbe. Und je nachdem, welche Frage Brunner stellt, ist sein „Ja genau“ dann mehr oder weniger sinnvoll. Aber so insgesamt als Konversation macht es überhaupt keinen Sinn. Glaube ich. Außer, er kann als Arzt verstehen, was Alfred mit seinem „Ja genau“ jeweils meint, aber das ist unwahrscheinlich. Und er sollte beim Reden nicht schmatzen, das wirkt unprofessionell.

„Zeigst du mir seine Medikamente?“, fragt Brunner.

Klara steht auf, serviert ihre Tasse gleich mit ab und holt die Medikamente.

„Darf ich dich untersuchen?“, fragt er, an Alfred gewandt.

„Ja genau.“

Langsam glaube ich, dass Alfred, wenn er nickt, wirklich „ja“ meint. Aber ich bin nicht sicher. Vielleicht sollte ich das später einmal probieren.

Brunner holt sein Stethoskop aus der Tasche. Auch das sieht neu aus und gleichzeitig wie aus den Fünfzigerjahren, mit zwei Schläuchen. Würde mich nicht wundern, wenn er auch Glasspritzen in der Praxis hätte, so als Retro-Chic für die Patienten.

Der Arzt hebt Alfreds Hemd an und hört ihn am Rücken ab. „Bitte tief ein- und ausatmen."

„Er hat kein Problem mit den Lungen", sage ich.

Brunner sieht zu mir auf und legt den Zeigefinger an die Lippen, dann hört er Alfred weiter ab.

„Tief atmen", sagt er und Alfred macht nichts. Er sitzt einfach nur da und lässt es über sich ergehen.

Ich warte, bis Brunner fertig ist, und sage dann nochmal: „Er hat nichts mit der Lunge, er hat Angst, immer in der Nacht."

„Wenn ich abhöre, kann ich nicht hören, was Sie reden." Er hebt Alfreds Hemd vorne an und hört weiter ab.

Ich trinke noch einen Schluck von meinem Kaffee und stelle die Tasse wieder hin. Ich sollte den Kaffee wirklich nicht trinken, sonst kann ich nicht schlafen und kann mich gleich zu Alfred setzen, dann können wir gemeinsam wach bleiben.

Klara bringt die Medikamente und Brunner sortiert die Blister und Packungen.

„Für den Zucker", sagt er und legt zwei Packungen zur Seite, „Blutdruck und Cholesterin." Er legt drei weitere Packungen daneben. „Und wenn er nicht schlafen kann, geben Sie ihm eine von denen." Er fischt ein leeres Rezept aus seiner Ledertasche. *Bromazepam*, schreibt er auf das Rezept, *3 mg, 0-0-0-1 bei Unruhe*. „Das ist ein Schlafmittel", erklärt er. „Und im schlimmsten Fall ist er am Vormittag danach ein wenig müde."

„Kein Problem", sage ich, „Hauptsache, er kann nachts schlafen."

„Ja genau", sagt Alfred.

24

Zu Allerheiligen stehen alle im Ort an den Gräbern ihrer Familien oder – wenn sie keine eigenen toten Verwandten haben – an den Gräbern irgendwelcher Bekannter.

„Wir müssen ihn ordentlich anziehen“, sagt Klara. „Wir müssen das Hemd holen und die Fliege. Er muss schon was gleichschauen, der Papa.“

„Und Heinz?“, frage ich. „Kommt er mit?“

„Zu welchem Grab?

„Zum Grab seiner Frau.“

„Heinz will nicht. Er war schon lang nicht mehr dort.“

„Und Maria?“

„Mitzi“, sagt sie, „schmückt das Grab nicht selbst, ich mache das, Hilde war meine Freundin. Dem Mädel wird das alles zu stark, die musst du ein bisschen schonen. Du kannst nicht verlangen, dass sie sich nach dem Polizeidienst alleine hinstellt und alles schön macht, wenn ihr keiner hilft.“

„Sie hat gesagt, dass sie nicht weiß, ob sie kommen wird.“

„Das sagt sie immer, und dann steht sie doch immer wieder dort.“

„Und dann steht sie alleine dort?“

„Nein, wir sind immer bei ihr, ich und der Papa. Wenn der Pfarrer an unserem Ende vom Friedhof vorbeigekommen ist, gehen wir hinten raus, vorne wieder rein und stellen uns zu ihr.“

„Das ist sehr lieb."

„Das ist selbstverständlich. Wir lassen die Hilde nicht im Stich, ich und der Papa, und das Mädel schon gar nicht, wo kämen wir da hin."

„Und Heinz?"

Klara macht eine abwehrende Handbewegung. „Heinz ist zu nichts zu gebrauchen, schon gar nicht am Grab. Da kannst du froh sein, wenn er nicht da ist."

Der Friedhof ist eine halbe Stunde vor Beginn der Prozession voll. Von außen kann man nur die Oberkörper der Besucher sehen und dazwischen die Grabkreuze, alle aus demselben dunklen Eisen.

Durch den Haupteingang marschiert die Blasmusikkapelle, vorneweg der Mesner mit einer schwarzen Fahne und hinterher ich und Klara, die Alfred in einem Rollstuhl schiebt.

Ein Teil der Leute ist noch in der Messe, aber viele stehen schon an den Gräbern, zünden Kerzen an und rücken die Blumen zurecht. Klara stellt Alfred neben dem Grab ab.

„Warte", sagt Klara, „ich gehe Deckel holen." Sie geht zu der großen Mülltonne, die am Ende der Gräberreihe steht, stellt sich auf die Zehenspitzen und fischt Blechabdeckungen für die Grabkerzen, die mit den kleinen ausgestanzten Kreuzen an den Seiten, aus der Tonne.

Ich halte die Kerzen und Zündhölzer und schaue ihr zu.

„Warum kaufst du nicht Kerzen mit Deckeln?", frage ich.

„Wozu? Ich werfe doch das Geld nicht zum Fenster raus."

„Ja genau", sagt Alfred.

„Warte", sagt sie, „jetzt kannst du die Kerzen hinstellen."

Ich stelle die Kerzen auf den Rand des Grabs.

„Eine für dich", sagt Klara.

Ich zünde sie an.

Es ist wichtig, dass Kerzen brennen. Klara zählt die Kerzen, die an den Nachbargräbern brennen. Die Nachbarin – also das benachbarte Grab, nicht eine echte Nachbarin – hat zwei Kerzen weniger als sonst, also muss entweder jemand gestorben sein oder die Kinder kommen nicht zu Allerheiligen.

Klara ist die Siegerin von Allerheiligen. Dank meiner Anwesenheit hat sie eine Kerze mehr als sonst. Sie betrügt nicht. Kerzen darf nur anzünden, wer auch anwesend ist. Die Frauen, die Kerzen für alle Familienmitglieder anzünden, aber alleine am Grab stehen, sind in ihren Augen, glaube ich, einfach Betrügerinnen, die es nicht wert sind, sie in die Wertung dieses Allerheiligenwettbewerbs aufzunehmen. Nur, wer anwesend ist, dessen Kerze zählt.

Natürlich muss jeder seine eigene Kerze anzünden. Die Kerzen teilt Klara zu. Die schauen alle fast gleich aus. Bei den Deckeln hingegen gibt es eine strenge Hierarchie: Ich als Gast bekomme den besten Deckel, während Klara selbst einen Deckel nimmt, der zu groß und ein wenig zu flach ist. Die Flamme erstickt zweimal, bevor Klara ihn schräg aufsetzt und die Kerzen vorsichtig, mit beiden Händen, an den Rand des Grabs stellt, dicht an den Grabstein.

Es ist immer dieselbe Zeremonie, seit Oma Kobicek gestorben ist, kurz vor dem Jahreswechsel 1999, und Opa dann im Sommer drei Jahre danach. Bis vor dem Infarkt war auch mein Vater immer dabei, und bis zur Scheidung auch meine Mutter. Ich bin nicht sicher, warum die Großeltern überhaupt hier und nicht in der Stadt liegen wollten, aber vielleicht war es wegen Allerheiligen, und wegen Klara.

Der Pfarrer kommt spät, und hinter ihm in einer Prozession die Messdiener und die Gläubigen, die richtig Gläubigen, die auch in der Messe waren. Großteils sind es alte Leute, die sich schnell an die Gräber verteilen.

Der Pfarrer beginnt am Kriegerdenkmal, neben der Aufbahrungshalle. Das Kriegerdenkmal ist beiden Weltkriegen gewidmet, links die Toten aus dem Ersten, rechts die aus dem Zweiten Weltkrieg. Für die Helden, die fern der Heimat und so weiter. Der Pfarrer besprengt das Denkmal mit Weihwasser, links und rechts, dann dreht er seine Runde um die Kirche und besprengt die Gräber und Besucher in der ersten Reihe mit Weihwasser. Zum Glück ist das Grab meiner Großeltern in der zweiten Reihe. Alfred ist in seinem Rollstuhl eingeschlafen, Klara sieht selbstzufrieden in die Runde und ich halte Ausschau nach Maria, kann sie aber nirgends entdecken.

– Bist du am Friedhof?
Keine Antwort.
– Maria?

„Wirst du das Handy wegpacken!“ Klara wirft mir einen bösen Blick zu. „Was sollen denn die Leute denken?“

Ich schaue noch kurz auf das Display, aber es kommt keine Nachricht. Klara rückt sich ihren Hut zurecht. Alfred schnarcht.

Es ist eiskalt hier, der erste richtig kalte Tag, und ich friere in meiner Herbstjacke. Mein Handy vibriert in meiner Hosentasche, aber ich traue mich nicht, es herauszuholen. Während ich mir überlege, wie ich es anstellen könnte, trotzdem zum Handy zu kommen, höre ich ein metallisches Krachen und einen Schrei.

Der Ministrant ist über seine Kutte gestolpert und hat das Weihwasser verschüttet. Der Pfarrer hilft ihm auf und ein zweiter Ministrant läuft mit dem Gefäß in die Kirche. Mein Handy vibriert noch einmal.

Jetzt achtet sicher niemand auf mich. Alle schauen dem armen Ministranten zu, der neben dem Pfarrer steht und aussieht, als wäre er lieber ganz woanders.

Ich ziehe das Handy halb aus der Tasche.

– ja
– was ist da bei euch drüben los?
Ich hole es ganz heraus und schreibe es ihr.
– verdammt
– Was?

– das hätte ich gern gesehen
– hihi
– Der Pfarrer findet es nicht witzig.
– trotzdem hihi

Ich stecke das Handy wieder ein, weil der zweite Ministrant mit frischem Weihwasser aus der Kirche kommt und die Prozession ihren Weg fortsetzt. Sobald sie an uns vorbei ist, nehme ich zwei Grabkerzen, die mir Klara aus ihrer Handtasche gibt.

„Geh schon mal vor", sagt sie.

Ich drücke mich zwischen den Leuten hindurch. Ich gehe, gegengleich mit dem Pfarrer, die Runde um die Kirche zur Vorderseite, wo das Grab von Marias Mutter ist.

Maria steht schon dort. Sie hat sich nicht herausgeputzt. Sie hat auch keine Kerzen und auf dem Grab sind dieselben Blumen wie auf dem meiner Großeltern.

Ich drücke Maria die Kerzen in die Hand. „Hier, von Klara."

„Was soll ich mit zwei Kerzen?"

„Na ja, eine für dich und eine für Heinz, schätze ich mal."

„Keine Kerze für Heinz", sagt Maria. „Wenn Heinz eine Kerze anzünden will, muss er schon selber kommen."

„Aber ich nehme die auch nicht wieder mit zurück zu Klara. Was sollen denn die Leute denken?"

„Du hörst dich schon an wie sie.“

„Ich bin auch noch da“, meldet sich Klara von hinten, „dann ist die zweite Kerze eben von Daniel.“

„Aber“, sage ich, „die Leute werden trotzdem denken, dass die zweite Kerze von Heinz ist.“

„Macht nichts.“ Klara schiebt Alfreds Rollstuhl am Nachbargrab vorbei.

„Macht sehr wohl etwas“, sagt Maria. Sie nimmt eine der beiden Kerzen und steckt sie zurück in Klaras Handtasche.

„Ja genau.“

„Was weißt du schon“, sagt Klara zu ihm und nimmt ihm die Tasche weg.

„Wir können die Kerze ja zu einem Grab ohne Besuch stellen“, schlägt Maria vor. „Oder zum Kriegerdenkmal.“

„Zum Kriegerdenkmal, das ist eine gute Idee, da liegen die beiden Buben von den Mitterhubers, und der Großonkel dazu, der ist im ersten Krieg gefallen.“

„Na dann“, sage ich.

„Na dann“, sagt Maria.

25

„Jetzt müsste es funktionieren." Maria kriecht hinter dem Fernseher hervor. Wir sind nach dem Friedhof und dem unvermeidlichen Kaffee mit Kuchen im einzigen Kaffeehaus des Orts zu Maria gefahren.

Es ist gar nicht so leicht, eine alte Nintendo-Konsole an einen Flachbildfernseher anzuschießen. Natürlich hat sie kein HDMI, und es funktioniert auch nicht gleich von selbst.

Maria startet den Sendersuchlauf. „Setz dich, das dauert ein bisschen."

Auf der Couch liegt Bettzeug, ein Polster, eine Decke, die ich zusammenfalte und zur Seite lege.

„Schläfst du immer hier?"

„Ja."

„Und oben?"

„Nach oben gehe ich nicht."

Ich will noch etwas sagen, dann flackert das Bild kurz und ein leicht verrauschtes Titelbild von Ghosts 'n Goblins erscheint auf dem Fernseher. Maria nimmt einen Controller. „Sollen wir?"

Es ist ein Spiel, das eigentlich nur für einen Spieler gedacht ist. Wir haben es früher immer so gemacht: Jeder darf spielen, abwechselnd, und wir übergeben den Controller immer, wenn einer im Spiel stirbt. Und nachdem das Spiel sehr schwierig ist, stirbt man oft.

Es kommt also jeder zu seiner Spielzeit. Wer länger durchhält, ohne zu sterben, gewinnt.

Ich kann mich erinnern, dass ich das Spiel, bis ich es bei Maria auf dem Nintendo gesehen habe, nur von einem Automaten im Schwimmbad kannte. Man konnte in einer Ecke des Schwimmbads Pommes kaufen und Würstel, und dann gab es dort eben einen Automaten mit Ghosts 'n Goblins. Aber weil das Spiel so schwierig ist, konnte ich nie lange spielen. Immer waren die Münzen zu früh aus, immer zu früh, und erst bei Maria habe ich herausgefunden, dass es das Spiel auch für Nintendo gab und man es so oft spielen konnte, wie man wollte.

„Du bist dran."

„Was?"

„Hast du überhaupt aufgepasst?" Maria schüttelt den Kopf. „Weiter gehts." Sie gibt mir den Controller.

Ich beginne mein Spiel, und es dauert keine dreißig Sekunden, da bin ich gestorben und gebe den Controller an Maria zurück.

„Du kannst es nicht mehr."

„Ich bin nur eingerostet. Gib mir drei, vier Versuche."

„Du kannst es einfach nicht mehr." Maria boxt mich in die Rippen, nimmt den Controller und spielt weiter.

„Es war nie mein Spiel."

Sie drückt auf Pause. „Möchtest du etwas anderes spielen?"

„Hast du Maniac Mansion noch?“

„Klar.“ Sie steht auf und geht zum Wohnzimmerschrank.

„Ich habe ein schlechtes Gewissen wegen Alfred“, sage ich. „Dass ich ihn eingesperrt habe. Ich würde es gerne wiedergutmachen.“

„Und wie?“

„Ich weiß nicht. Vielleicht machen wir einen Ausflug mit ihm, in die Natur.“

„Vielleicht“, sagt sie, „aber ich bin nicht sicher, ob er das versteht.“

„Was meinst du, was wir machen sollten?“

„Ich glaube, dass wir für uns etwas machen sollten.“

„Für uns?“

„Ja, für uns. Du schuldest mir noch einen Ausflug zum Bogenschießen.“

„Stimmt.“

„Gerlinde und ich würden dich sogar mitnehmen. Dein Superflitzer ist ja startunfähig.“

Maria wechselt das Spiel und schaltet die Konsole wieder ein.

Sie hält mir den Controller hin. „Wen willst du spielen?

„Bernard natürlich.“

Sie lacht. „Bernard hat aber die doofste Auflösung im Spiel.“

„Was meinst du?“

„Na, Bernard", sagt sie, „repariert am Ende die Rakete und schießt die Aliens zum Mond. Das ist ein sehr seltsames Ende."

„Passt schon, ich nehme Bernard. Und du?"

„Ich nehme den Surfer Dude. Der kann nichts, aber er sieht gut aus."

„Ich habs nicht so mit Surfen."

„Würde aber zu dir passen", sagt sie. „Spiel du mal. Ich sage dir, was du tun sollst."

Sie nimmt den Polster und legt sich auf die Couch. Ich spüre ihren Kopf an meinem Oberschenkel.

Ich wähle Bernard und betrete das Haus.

Dass Maria eingeschlafen ist, bemerke ich erst bei der Begegnung mit dem Tentakelmonster eine halbe Stunde später.

Ich lege den Controller auf die Couch.

Maria ist schön, wenn sie schläft. Ich will ihr Gesicht berühren, traue mich aber nicht und streiche ihr leicht übers Haar. Sie dreht sich auf den Rücken und ich stehe auf.

„Gute Nacht", sagt sie, ohne die Augen aufzumachen.

„Ich gehe rüber", flüstere ich, „wir sehen uns morgen."

26

Ich hätte bleiben sollen.

Ich hätte wirklich bleiben sollen, bei Maria bleiben, und mit ihr auf der Couch liegen. Ich hätte ihr Gesicht berühren sollen, sie hätte es gemocht. Sie hat sich ja schon zu mir gelegt, dicht an mich, obwohl genügend Platz auf der Couch gewesen wäre. Ich hätte sie küssen sollen, aber ich bin zu feige, ich verhalte mich wie ein Teenager. Ich will Maria küssen.

Ich könnte ihr schreiben. Aber was soll ich ihr schreiben? Vielleicht sollte ich einfach nicht so viel überlegen.

Ich hole mein Handy heraus, halte es in der Hand und stecke es gleich darauf wieder ein.

Als Alfred am Babyphon schreit, bin ich erleichtert. Ich laufe die Stiege hinunter und öffne die Polstertüre. Alfred sitzt auf dem Bett und zupft sich am Ohr.

„Alfred", sage ich, „kannst du nicht schlafen?"

„Ja genau." Er nickt.

„Warte, ich hole dir ein Schlafmittel."

Ich hole die Tabletten von Brunner und drücke eine davon aus dem Blister in meine Hand.

„Hier", sage ich und gebe Alfred die Tablette.

Er sieht sie an.

„Schlucken", sage ich, „du sollst sie schlucken, die hilft gegen die Schmerzen."

Er nimmt sie in den Mund. Ich halte ihm seinen Becher hin, einen Schnabelbecher mit Wasser. Er nimmt einen Schluck.

„So ist es gut“, sage ich, „jetzt können wir schlafen.“

So einfach kann es sein. Anstatt ihn Nacht für Nacht einzusperren, bekommt er einfach sein Schlafmittel und alles ist gut. Keine Ahnung, warum Klara so lange gewartet hat, bis sie etwas Sinnvolles unternimmt.

„Gute Nacht“, sage ich und schließe die Türe.

Ich will gerade wieder die Stiege hoch in mein Zimmer gehen, da höre ich ein Geräusch. Es ist ein schleifendes Geräusch, ganz leise, und ich bin nicht sicher, wo es herkommt. Am besten, ich lege mich ins Bett und warte, bis es vorbei ist. Wenn es ein Einbrecher ist, möchte ich den nicht entdecken, sondern ihn einfach stehlen lassen. So sterben Leute. Einbrecher überraschen, und dann vielleicht noch mit einer Waffe.

Aber das Geräusch hört nicht auf.

Ich gehe die Stiege hinauf und hole Nagelring, das in meinem Zimmer neben der Türe lehnt. Es wäre natürlich Blödsinn, einen Einbrecher mit einem Holzschwert anzugreifen, aber ich fühle mich besser, wenn ich etwas in der Hand habe. Ich gehe zurück in den ersten Stock und horche, gehe ein wenig herum, horche wieder.

Heinz.

Es kommt aus Heinz’ Zimmer. Ich laufe hin, so schnell ich es im Dunklen kann.

Heinz sitzt aufrecht auf dem Bett, die Hände hinten auf der Matratze abgestützt, und japst nach Luft. Er sieht mich an, mit großen Augen.

Was soll ich jetzt machen? Ich habe keine Ausbildung, ich habe keine Ahnung. Was soll ich machen, wenn er vor mir erstickt? Ich kann ihn doch nicht ersticken lassen und dabei in Unterhosen mit einem Holzschwert in der Hand vor ihm stehen.

„Heinz“, sage ich, „Heinz, was ist los?“

Er japst und deutet auf seine Atemkanüle. Er versucht, sie sich herauszuziehen, aber er kann nicht, er zittert zu sehr. Seine gelben Finger zerren an dem Band und nesteln an der Kanüle herum, aber er kriegt sie nicht gut zu fassen. Ich lasse das Schwert fallen.

„Warte“, sage ich, „ich helfe dir.“

Ich hoffe, ich mache nichts kaputt. Ich löse die Klettverschlüsse der Bänder, mit denen die Kanüle befestigt ist, und schaue ihn an. Er versucht, sie herauszuziehen, und ich helfe ihm, führe ihm die Hand und wir ziehen die Kanüle mit einem schmatzenden Geräusch aus seinem Hals.

Er holt tief Luft, und noch einmal, und seine Gesichtsfarbe wird ein bisschen rosiger. Ohne Kanüle atmet er buchstäblich durch ein Loch in seinem Hals.

Heinz zeigt auf den Schreibtisch, der unter dem Fenster an der Wand steht. Auf dem Tisch türmen sich Magazine, Werbung, ein paar Bücher, und dazwischen steht ein Wasserglas mit zwei Pfeifenputzern. Das Wasser ist trüb, und als ich einen Pfeifenputzer herausnehme, riecht er faulig.

„Das hier?“, frage ich.

Heinz nickt und bedeutet mir mit den Händen, ich solle die Kanüle durchputzen.

„Damit?“, frage ich und er nickt wieder. Er zeigt mir den erhobenen Daumen.

„Aber mit frischem Wasser“, sage ich, aber er winkt ab. „Na gut“, sage ich und putze mit dem Pfeifenputzer die Plastikkanüle durch.

Die Kanüle ist von trockenem, borkigem Schleim fast ganz verlegt. Ich brauche einige Durchgänge mit dem Pfeifenputzer, bis sie sauber ist. Wenn man das als sauber bezeichnen kann, mit diesem Wasser.

„Lass mich sie wenigstens auswaschen“, sage ich zu Heinz.

Er schüttelt den Kopf und streckt die Hand aus. Ich gebe ihm die Kanüle und er winkt mich hinaus.

„Sicher? Ich kann dir beim Einsetzen helfen.“

Heinz schüttelt den Kopf und winkt noch einmal heftig ab.

Es tut mir leid, kaum dass ich es gesagt habe, weil ich ihm beim Einsetzen natürlich nicht helfen kann, wie auch? Ich habe das weder jemals gesehen noch gemacht, welche Unterstützung sollte ich also sein? Andererseits habe ich bis heute auch noch nie eine verlegte, schleimige Atemkanüle mit einem Pfeifenputzer gereinigt.

Ich gehe zurück ins Mansardenzimmer und lasse die Türen offen. Ich kann lange nicht einschlafen, weil ich immer wieder die Luft anhalte und horche, aber das Geräusch kommt nicht wieder.

27

Das Schlafmittel von Brunner bringt überhaupt nichts. Entweder ist es zu schwach oder das falsche Mittel, oder Alfred hat doch keine Schmerzen und es ist die Angst oder die Demenz, die ihn schreien lässt. Jedenfalls schreit er, und er schreit schon seit zwei Stunden. Ich war schon viermal bei ihm, habe ihn beruhigt, und jetzt schreit er schon wieder.

Ich könnte das Babyphon ausschalten, aber man hört das Geschrei auch so. Und außerdem, selbst wenn ich einschlafen könnte, würden mir die Finger natürlich aus den Ohren rutschen. Und wenn ich ihn dann wieder höre und vielleicht deshalb aufwache, kann ich garantiert nicht mehr einschlafen.

Ich liege auf der Seite und drücke mir links den Kopfpolster und rechts die Bettdecke an die Ohren, aber ich kann es noch immer hören, das gedämpfte Wummern, wenn Alfred gegen die Polstertüre schlägt, und die Schreie. Und wenn ich ihn nicht mehr höre, muss ich die Decke vom rechten Ohr anheben, um genauer zu horchen, ob ich ihn nur wegen der Decke nicht mehr höre oder ob die Geräusche wirklich weg sind. Und wenn sie weg sind, mache ich mir Sorgen, warum sie weg sind, weil es sein könnte, dass er kollabiert, gestürzt oder – noch schlimmer – gestorben ist.

Das wäre das Schlimmste. Man stelle sich vor, wir finden ihn morgen tot in seinem Zimmer, und dann muss ich erzählen, ich habe ihn sterben hören, ich habe nachts gehört, wie die Geräusche verstummt sind, und dann habe ich nicht nachgesehen und ihn an seinem eigenen Erbrochenen ersticken oder im eigenen Blut liegen lassen. Obwohl es andererseits ja auch wieder eine Gnade für ihn wäre, wenn er so einfach sterben könnte. Wenn man nur wüsste, dass es plötzlich geht, dass er nicht leiden muss. Dann hätte ich meine Ruhe, dann könnte ich mir links den Polster und rechts die Decke an die Ohren drücken und einschlafen.

Aber es ist eben nicht so, und ich kann nicht riskieren, dass er stundenlang leiden muss und alleine dort unten liegt, während ich schlafe oder mir die Ohren zuhalte.

Es ist ohnehin egal. Er schreit und hämmert und es wummert, und ich höre es sogar durch die Decke.

Ich schlage die Decke zurück und setze mich auf. Es nützt nichts, solange Alfred unten an die Tür schlägt, kann ich hier nicht schlafen. Ich habe ja auch Mitleid mit ihm. Es ist eigentlich unmenschlich, ihn einzusperren. Ich frage mich ja, wie lange Klara das schon macht. Vielleicht schon jahrelang, wer weiß das schon so genau?

Aber im Heim wäre es noch schlimmer: Wenn er schon hier Angst hat, wie wäre das im Heim? In einer fremden Umgebung, mit fremden Menschen? Das alleine wäre wahrscheinlich schon eine Riesenkatastrophe.

Ich könnte ihm noch etwas zur Beruhigung geben. Ich habe noch die Tropfen, die mir der Kardiologe verschrieben hat, für meine Herzrhythmusstörungen. Sie wirken auch gegen Stress, hat er gesagt, und man kann sie einfach nehmen, wenn man Bedarf hat. Ich könnte ihm noch ein Schlafmittel geben. Ich schlüpfe in die Hausschuhe und gehe leise zur Türe.

Ich gehe die Stiege runter bis zur vorletzten Stufe und setze mich darauf. Mein Hintern wird sofort kalt. Hier kann ich nicht lange sitzen, sonst hole ich mir eine Blasenentzündung oder was weiß ich was. Aber von hier sind es nur mehr anderthalb Meter bis zu Alfreds Türe, und ich kann ihn durch die Polster schreien hören.

Was soll ich jetzt machen? Soll ich jemanden aufwecken? Soll ich alleine reingehen, oder sollte ich mich wieder ins Bett legen und nichts machen? Ich kann ja nicht so einfach im Alleingang jemanden niederhalten, noch dazu, wenn dieser Jemand gerade tobt. Klein ist Alfred nicht gerade und Muskeln hat er für sein Alter noch genug, also wenn der mit der Energie, die ihm seine Angst gibt, hier rauskommt und auf einen losgeht, bin ich nicht sicher, ob das gut ausgehen kann. Vor allem will ich nicht mit ihm kämpfen, weil ich ihn – selbst wenn ich gewönne – sicher schwer verletzen würde. Vielleicht kann ich ja vernünftig mit ihm reden, soweit das bei Alfred überhaupt möglich ist. Aber das erste Schlafmittel hat er ja auch genommen.

Nur: Wen sollte ich auch aufwecken? Klara wäre sicher dagegen, außerdem zu schwach. Falls ich sie überhaupt wach kriegen könnte, so tief, wie sie schläft. Und Heinz ist auch sicher keine Hilfe.

Ich hole erstmal die Tropfen. Ich gehe ins Mansardenzimmer, zu meinem Koffer. Ich habe noch eine halbe Flasche. Psychopax heißt das Medikament, zehn Tropfen bei Bedarf. Psychopax. Schon der Name ist beruhigend, und gegen die Rhythmusstörungen hat es auch immer geholfen. Aber soll ich ihm das geben? Einfach so? Und wenn er dann einen Atemstillstand hat und nie wieder aufwacht? Dann bin ich schuld.

Maria, ich könnte Maria anrufen. Es ist nicht so spät, fünf nach halb zwölf mittlerweile, da kann man eigentlich noch anrufen. Ich finde, alles, was am Wochenende noch vor Mitternacht ist, ist okay. Heutzutage muss man keine Rücksicht mehr nehmen, es hat jeder die Möglichkeit, das Smartphone auszuschalten oder auf lautlos zu stellen. Oder gleich nicht mit ins Schlafzimmer zu nehmen, alles andere ist sowieso ungesund.

Ich wähle Marias Nummer und warte auf das Klingeln. Es läutet viermal, dann hebt sie ab. Sie klingt, als hätte sie schon geschlafen. „Ja“, antwortet sie, „hallo Daniel?“

„Hallo Maria, hast du schon geschlafen?“

„Nein, was kann ich für dich tun?“

„Alfred, es geht um Alfred.“

„Oh Gott, ist er tot?“

„Nein“, sage ich, „aber ich bin mir nicht sicher, ob er die Nacht überlebt, wenn er so weitermacht. Das Schlafmittel hilft nicht. Es hilft einfach nichts und ich weiß nicht, ob ich ihm die Tropfen geben soll.“

„Langsam. Welche Tropfen?“

„Meine Tropfen. Meine Tropfen, die vom Kardiologen."

„Ich verstehe gar nichts. Gib mir fünf Minuten, längstens zehn." Sie legt auf.

Exakt sechs Minuten später kommt sie die Stiege herauf.

„Also", sagt sie, „was willst du ihm geben?"

Ich zeige ihr die Tropfen. „Das habe ich vom Kardiologen."

„Vom Kardiologen?", fragt sie. „Psychopax klingt eher nicht wie ein Herzmedikament."

„Es wirkt ja auch beruhigend."

„Und darf man das kombinieren? Mit seiner Schlaftablette, meine ich."

„Glaube schon."

„Okay."

„Sollen wir einen Arzt rufen?", frage ich.

„Nein."

„Jetzt hast du mich verunsichert."

„Gib her", sagt sie, „er kriegt jetzt die Tropfen."

„Die Frage ist nur, ob er sie freiwillig nimmt."

Halb habe ich gehofft, dass Alfred nicht mehr schreit, wenn wir kommen, und dann hätten wir wieder gehen können und uns freuen, dass er schläft. Obwohl, es wäre letztlich das gleiche Dilemma gewesen, weil wir nachschauen hätten müssen, ob er lebt und nicht tot hinter der Türe liegt. Das wäre das Schlimmste. Also ist es besser, wie es ist, und das ist: Er sitzt direkt hinter der Türe und schlägt mit irgendwas, mit der Faust oder mit dem Kopf, dagegen.

„Alfred“, sagt Maria und klopft an die Türe.

Alfred stöhnt.

„Alfred. Ich bin’s, Maria.“

Er stöhnt wieder.

„Geh bitte ein wenig zurück, die Türe geht nicht auf.“

Man hört Alfred, wie er sich bewegt, und Maria öffnet die Türe.

Alfreds Pyjamaoberteil liegt auf der Kommode und er sitzt, nur mit der Hose bekleidet, neben dem Bett am Boden.

Nackte alte Männer finde ich immer ein bisschen jämmerlich. Wenn die Haut hinunterhängt und am Eingang zu den Achselhöhlen Falten wirft und gleichzeitig am Rücken und an den Schultern einzelne graue Haare stehen – das ist einfach ein wenig jämmerlich, es lässt sich nicht anders sagen.

„Was ist los, hast du Angst?“, fragt ihn Maria.

„Ja genau“, sagt er und schüttelt den Kopf.

„Hast du schlecht geträumt?“ Sie nimmt Alfred, ohne eine Antwort abzuwarten, an der Hand, und er lässt sich von ihr hochziehen.

„Du hast geschrien“, sage ich.

„Ja genau.“

Maria legt ihm die Hand auf die Schulter und leitet ihn zum Bett. Er setzt sich hin. Ich gebe ihr das Pyjamaoberteil.

„Danke." Sie zieht es Alfred zunächst über den Kopf und hilft ihm dann mit den Ärmeln. „Es wird jetzt Zeit", sagt sie zu Alfred, „dass du ins Bett gehst."

Er nickt. „Ja genau."

„Ich glaube nicht, dass er die Tropfen braucht. Er schläft ja schon fast im Sitzen."

„Vielleicht war es wirklich nur ein Alptraum."

„Vielleicht." Sie hilft Alfred beim Hinlegen und deckt ihn zu. „Schlaf gut", sagt sie und küsst ihn auf die Stirn.

„Ja genau", sagt Alfred und schließt die Augen.

28

Ich stehe vor dem Haus und warte auf Maria. Alfred ist noch nicht wach, obwohl es bald zehn wird und Klara schon die Vorbereitungen für das Mittagessen begonnen hat. Begeistert war sie nicht, dass ich so kurz vor dem Essen fahre, aber sie hat es, glaube ich, akzeptiert, dass ich Maria versprochen habe, mit ihr Bogenschießen zu fahren.

Maria ist pünktlich. Punkt elf Uhr fährt sie mit Gerlinde in den Hof.

Auf dem Rücksitz liegen zwei Bögen und ein Köcher mit bunten Pfeilen. Ich steige auf der Beifahrerseite ein.

„Guten Morgen", begrüßt mich Maria und küsst mich auf die Wange.

„Guten Morgen", sage ich.

Ich fühle mich wie ein Teenager.

Wir fahren nicht weit, durch den nächsten Ort und den übernächsten. Sie sehen alle gleich aus.

Wir halten zwanzig Minuten später auf einem nicht asphaltierten Parkplatz. Zwei andere Autos stehen da, beide alt und beide mit Stickern mit stilisierten Bogenschützen auf den Heckscheiben.

Maria holt die Bögen aus dem Auto. Sie spannt die Sehnen, und als sie den ersten Bogen biegt, habe ich Angst, dass er abbricht.

„Hier", sagt sie und hält mir ein längliches Stück Leder hin. „Das kommt auf den linken Arm und das auf den rechten.“ Sie gibt mir einen Handschuh mit nur zwei Fingern, ebenfalls aus Leder. „Die Pfeile trage ich, ich habe nur einen Köcher.“

Wir gehen zum ersten Ziel. Ich komme mir vor wie ein Ritter oder wie ein Jäger aus der Urzeit, so alleine, mit Pfeil und Bogen im Wald auf der Suche nach Tieren.

„Ein Schwert bräuchte ich noch“, sage ich.

„Hättest dir Nagelring mitnehmen müssen.“ Maria klopft auf ein großes Messer, das an einer Scheide an ihrem Gürtel hängt. „Ich habe meines mit.“

„Wozu brauchst du ein Messer? Willst du die Plastiktiere abstechen?“

„Abnicken“, sagt sie, „das heißt abnicken.“

„Abnicken?“

„Abnicken. Wenn du ein Tier mit dem Messer tötest, heißt das abnicken.“

„Alles klar.“

„Aber das Messer brauchen wir, wenn du einen Pfeil in einen Baum schießt.“

„Ich treffe sicher keinen Baum.“

Vielleicht mache ich das in der Schule, Bogenjagd, mit den Großen. Das wäre ein nettes Beispiel, und man könnte vielleicht sogar einen Bogen in den Unterricht mitnehmen. Aber ich sollte jetzt keinen Unterricht planen, ich habe hier frei, ich bin in freier Natur, und hier plant man keinen Unterricht, sondern jagt falsche Tiere mit echten Bögen. Und nickt sie dann mit einem großen Messer ab.

Das erste Tier ist ein Wolf.

„Gleich ein Wolf“, sage ich.

„Ruhig, sonst hört er dich.“

Maria stellt sich mit einem Fuß dicht an einen rot bemalten Holzpflock, legt einen Pfeil auf die Sehne, spannt den Bogen, atmet aus und schießt. Der Pfeil steckt in der Brust des Wolfs.

Ich stelle mich an den Pflock.

„Nicht so“, sagt sie und klopft mit der Spitze ihres Bogens auf meinen Schuh. „Du musst den Fuß ein bisschen drehen. Und gerade stehen.“ Sie fährt mit der flachen Hand meinen Rücken entlang. „Und den Ellbogen nimm höher.“

Ich lasse sie meinen Körper einstellen, lasse sie Positionen korrigieren – nicht weil ich großen Ehrgeiz für das Bogenschießen hätte, sondern weil ich die Berührungen mag.

„Und jetzt“, sagt sie mir ins Ohr, „ganz entspannt die Sehne loslassen.“

Ich lasse los. Der Pfeil fliegt und bleibt in einem Baumstamm stecken. Und das auch noch in zweieinhalb Metern Höhe.

„Wölfe sind im Allgemeinen keine Baumtiere“, sagt Maria und lacht.

„Wie kriegen wir den Pfeil da runter?“

„Gar nicht.“

„Ich kann ihn holen.“

Sie schüttelt den Kopf. „Geht sich niemals aus.“

„Ich bin größer als du.“

Der Stamm sieht aus, als könne man gut hinaufklettern. Es gibt sogar ein paar Äste, die ich als Trittstufen benutzen könnte. Und ich muss ja nicht weit klettern. Wenn ich mich strecke, fehlt vielleicht ein halber Meter bis zu dem Pfeil. Ich halte mich mit beiden Händen am Baumstamm fest und steige auf den Aststummel.

Beim dritten Schritt bricht der Ast. Ich verliere den Halt, falle aber nicht rücklings vom Baum, sondern rutsche, den Baum umarmend, entlang des Stamms nach unten. Ich schreie auf. Meine Arme brennen wie die Hölle.

„Oh Gott, Daniel!"

„Alles gut." Es fühlt sich an, als hätte jemand meine Oberarme mit einer Käsereibe bearbeitet.

„Alles in Ordnung?"

„Ja."

„Blutest du?"

„Glaube nicht."

„Das hat nicht gut ausgesehen."

„Alles okay, wirklich."

„Lass mich mal nachsehen." Sie nimmt meinen Arm.

„Das ist nichts."

„Okay, mein Herr Ritter. Aber der Pfeil ist verloren."

Ich nicke. „Lass uns weitergehen."

„Darf ich dich was fragen?", sagt Maria ein wenig später, beim vierten Ziel, einem Wildschwein.

„Ja, natürlich."

„Warum lässt du sie nicht in Ruhe?", fragt sie.

„Wen?“

„Na, Klara und Alfred.“

„Ich lasse sie ja“, sage ich, „wenn es sein muss. Aber ich will ihnen helfen, dass sie möglichst lange zu Hause bleiben können. Niemand will ins Heim, niemand will ernsthaft in ein Heim.“

„Du hast auch ein negatives Bild. Was ist, wenn sie eigentlich genau das wollen? Wenn das Leben im Haus so anstrengend ist, dass das Heim die bessere Lösung ist?“

„Ich glaube nicht, dass das Heim jemals die beste Lösung ist.“

„Und für Klara? Wenn sie die beiden Männer pflegen muss, wäre es vielleicht auch eine Entlastung.“

„Klara schafft das. Sie müsste nur ein bisschen Hilfe zulassen.“

„Ich mache mir Sorgen um Klara.“

„Klara geht es gut“, sage ich, „um Klara braucht sich wirklich niemand Sorgen machen.“

Sie schießt, trifft nicht, schießt noch einmal und dreht sich um.

Ich stelle mich an den Pflock. „Liebes Schwein“, sage ich, „es tut mir leid, aber jetzt musst du dran glauben.“

An der Raststelle im Wald setzen wir uns auf einen Baumstamm. Maria greift nach hinten und holt zwei Flaschen Bier aus einer Kiste, die halb in einem kleinen Bach steht. „Hier“, sagt sie, „das hilft gegen den Schmerz.“

„Ich trinke nicht."

„Okay", sagt sie und greift nochmals hinter sich, „dann trinkst du Cola. Aber wir trinken jetzt."

Wir stoßen an und trinken. Das Cola ist eiskalt.

„Zeig mal", sagt Maria, „zeig mal deine Wunde."

„Das ist keine Wunde."

„Du weißt schon, was ich meine."

Ich halte ihr meinen Arm hin. Es ist eine große Abschürfung, und das Blut verkrustet bereits.

Maria streichelt über meinen Oberarm. „Du solltest das auswaschen, da klebt noch der halbe Baum drin."

Ich nicke, stelle die Flasche in eine Mulde neben dem Baumstamm und wasche die Wunde mit Wasser aus dem Bach. Es brennt und es ist eiskalt. Ich schöpfe noch eine hohle Hand voll Wasser und lasse es über die Wunde rinnen.

„Sehr tapfer", sagt Maria.

„Danke."

Ich setze mich wieder neben sie auf den Baumstamm, noch etwas näher als vorher. Unsere Oberschenkel berühren sich, aber sie bleibt sitzen.

„Daniel?"

„Ja?"

„Die Tropfen, die wir Alfred geben wollten?"

„Ja?"

„Das sind keine Herztropfen. Ich hab es gegoogelt."

„Mhm."

„Die sind für Panikattacken."

„Unter anderem."

„Willst du darüber reden?"
„Es ist eigentlich nicht so spektakulär."
„Okay?"
„Es war einfach stressig. Also, in meinem alten Job, in Frankfurt. Jetzt nicht mehr so sehr."
„Nicht mehr so sehr."
„Ein bisschen schon."
„Und die Tropfen haben geholfen?"
„Ja, früher."
„Okay."
„Manchmal nehme ich sie noch."

Ich weiß nicht, warum ich ihr das alles so erzähle, hier, mitten im Wald, aber vielleicht ist es gerade die Tatsache, dass wir alleine auf einer Lichtung sitzen, auf einem morschen Baumstamm, wie zwei erfolglose Jäger, die sich einen ansaufen.

„Wegen Alfred und Klara", sage ich.

Maria sieht mir in die Augen.

„Ich will einfach", sage ich, „dass es nicht so abläuft wie bei Opa Kobicek. Ich will, dass man sich um sie kümmert, dass sie gut versorgt sind und zu Hause bleiben können. Und wenn sie es von selbst nicht verstehen, brauchen sie vielleicht einen kleinen Anstoß."

Maria steht auf und streckt sich. „Die sind erwachsen, weißt du? Die sind echt schon lange erwachsen, länger als wir."

29

„Immerhin das Wildschwein", sagt Maria, „immerhin hast du das Schwein sofort getroffen."

„Ja, ich bin Obelix, der Wildschweinjäger."

„Ich gehe jederzeit wieder mit dir auf Schweinejagd."

Meine Unterarme brennen wie Feuer.

„Tut es noch weh?", fragt Maria.

„Gar nicht."

„Kannst du bitte fahren, ich bin schrecklich müde."

Nach dem Ortsschild lasse ich den Motor aufheulen. Ich werfe einen Blick zu Maria. Sie hat die Augen geschlossen und den Kopf an die Nackenstütze gelehnt. Ich fahre weiter.

Nach zehn Minuten hebt sie den Kopf.

„Habe ich dich aufgeweckt?", frage ich.

„Nein, ich war die ganze Zeit wach." Sie reibt sich die Augen. „Ich möchte dir etwas zeigen."

„Und was?"

„Einen Baum."

„Ich glaube, ich habe heute schon ausreichend Bäume gesehen."

Sie lacht. „Nicht irgendeinen Baum, und du musst auch nicht raufklettern", sagt sie. „Die Straße hier ist deswegen so kurvig, weil sie sie um einen Baum herumgebaut haben."

„Wie, herumgebaut?"

„Drumrumgebaut, damit sie ihn nicht abholzen müssen.“

„Das muss wirklich ein sehr besonderer Baum sein.“

Man stelle sich das vor: Sie ziehen eine schnurgerade Landstraße durch eine relativ leere Gegend und dann macht die Straße ein weites S, damit man diesen einen Baum nicht abholzen muss. In einem Wald noch dazu. Man führt also eine Straße durch den Wald, holzt was weiß ich wie viele Bäume ab, und dann baut man eine riesige Kurve wegen eines einzelnen Baums.

„Du kannst hinter der übernächsten Kurve parken“, sagt Maria, „da sind ein paar Plätze am Straßenrand.“

„Was ist das für ein Baum?“

„Nur eine gewöhnliche Eiche, aber sehr alt. Du musst keine Angst haben, keine Esoterik oder so. Es ist nur ein schöner Baum.“

Ich fahre rechts an den Straßenrand.

Der Weg zum Baum ist beschwerlich, weil es steil bergauf geht und ich ein paar Mal stehenbleiben muss, weil mir die Luft ausgeht. Maria geht immer ein paar Meter vor mir.

„Das ist er“, sagt Maria und berührt die Rinde am Stamm des Baums.

Okay, es ist eine schöne, alte Eiche, das muss man ihr lassen. Und man kann von hier oben weit ins Land sehen. Es ist schön hier.

„Schöne Aussicht.“

„Ja.“

Wir stehen ein paar Sekunden nebeneinander da, schauen in die Landschaft.

„Bist du öfter hier?“, frage ich Maria.

„Manchmal.“ Sie sieht mich an. „Daniel?“

„Ja?“

„Es war schön gestern.“

„Was?“

„Auf der Couch.“

„Wir könnten das ja wiederholen.“

Sie kommt näher, dreht sich zu mir. Ich sehe sie an. Maria nimmt meine Hand. „Ich hoffe, du verstehst das jetzt nicht falsch.“

„Was?“

Sie kommt noch einen halben Schritt näher, steht jetzt nah bei mir und dann beugt sie sich vor und küsst mich. Ich küsse sie zurück, umarme sie, und sie mich. Ich spüre ihre Lippen, die rau sind, aber weich, und ich rieche ihren Maria-Geruch – Schweiß und Leder und Moos – und ich schließe die Augen.

30

Auf der Rückfahrt sprechen wir kaum. Wir halten uns an den Händen, wie Teenager, und ich wünschte, dass Frau Gerlinde ein Automatikgetriebe hätte, weil ich dann nicht schalten und Marias Hand loslassen müsste. Ich schalte immer spät, der Motor klingt wahlweise zu tief oder summt wie eine wütende Wespe.

Ich fahre langsam, eilig haben wir es nicht, und ich möchte diese Fahrt ausdehnen, immer weiter, und freue mich gleichzeitig auf zu Hause, Marias Zuhause.

Es ist dunkel, als wir ankommen. Ich will schon in Marias Einfahrt einparken, aber irgendetwas stimmt nicht. Beide Häuser sind dunkel, nur einen Lichtschein im ersten Stock kann ich ausmachen.

„Stromausfall“, sagt Maria.

„Klara? Alfred?“, rufe ich im Vorzimmer. „Alles in Ordnung?“

„Ja genau!“ Die Stimme kommt aus dem ersten Stock. „Ja genau, ja genau.“

Das Licht einer Taschenlampe wird am oberen Stiegenabsatz sichtbar, dann kommt Klara herunter, an der Hand Alfred, der stolpert und bei jedem Schritt sein „Ja genau“ ausstößt, hinter ihnen Heinz mit dem Tablet in der Hand.

„Stromausfall“, sagt Klara.

Heinz zeigt auf sein Tablet, zuckt mit den Schultern und schlägt mit der flachen Hand auf den Bildschirm.

Alfred rempelt ihn mit der Schulter an. „Ja genau."

„Er kann nicht reden, weil er kein Internet hat", erklärt Klara. „Als ob das jetzt unser Problem wäre."

„Natürlich geht das", sage ich.

Heinz sieht mich an und gibt mir das Tablet.

„Das ist doch jetzt nicht wichtig", sagt Klara.

„Geht ganz schnell."

Ich nehme das Tablet. Heinz macht das über eine Webseite. Das ist sowas von veraltet. Mit Siri geht das einfacher und es funktioniert auch ohne WLAN. Man kann es ganz leicht einschalten. Ich gebe Heinz das Tablet zurück.

„Hier", sage ich, „du musst einfach den Text markieren und auf *Sprechen* tippen."

Heinz tippt.

> Danke.

Es ist eine Frauenstimme. Er verzieht das Gesicht.

„Man kann es umstellen, aber nur mit Internet."

„Das passt schon", sagt Maria und lacht.

Klara grinst auch, nur Heinz nicht.

„Ja genau", sagt Alfred.

Wahrscheinlich ist es nur ein Kurzschluss, dann müssen wir bloß die Sicherungen tauschen und alles ist wieder gut. Vorausgesetzt, sie haben Ersatzsicherungen da.

„Wo sind die Sicherungen?", frage ich.

„Im Schweinestall", sagt Klara.

Sie gibt mir die Taschenlampe. „Nein danke, ich habe mein Handy."

Ich schalte die Taschenlampenfunktion auf meinem Smartphone ein und gehe in den Stall.

Der Sicherungskasten hängt ein paar Schritte den Raum hinein links an der Wand. Er ist alt und aus rotem Metall. Die Türscharniere sind so rostig, dass ich zuerst nicht sicher bin, ob sie das Gewicht der Türe halten können, wenn sie offen ist. Aber sie halten.

Das Unpraktische an der Taschenlampe auf einem Smartphone ist, dass man die Taschenlampe nicht in den Mund nehmen kann, wenn man mit beiden Händen arbeiten muss. Selbst wenn ich es in den Mund nehmen würde, es würde nicht funktionieren. Ich hätte höchstens Bissspuren auf dem Display und wahrscheinlich auch einen Wasserschaden, und das alles für nichts, weil die Taschenlampe um neunzig Grad in die falsche Richtung leuchten würde. Dass es außerdem dumm aussehen würde, klar, aber das wäre das kleinste Problem, mich sieht ja hier keiner.

Es sind Keramiksicherungen. Die haben wirklich noch Keramiksicherungen. Eine davon ist defekt. Zum Glück kenne ich mich da aus.

Ich schraube die defekte Sicherung heraus.

„Wo sind die Ersatzsicherungen?“, rufe ich ins Vorzimmer.

„In der Lade“, ruft Klara zurück.

Welche Lade meint sie bitte? Ich leuchte umher.

„Welche Lade?“

„Unter dem Kasten!“

Tatsächlich, direkt unter dem Sicherungskasten steht eine kleine Kommode.

„Hast du sie?", ruft Klara.

„Ja!"

„Ja genau", schreit Alfred.

Ich leuchte nach unten. Oh nein! – Auf der Kommode sitzt eine fette Spinne und sieht mich an. Oder sieht mich nicht an, keine Ahnung. Jedenfalls sitzt mir da im Dunkeln eine fette Spinne direkt gegenüber. Und egal, ob sie mich jetzt ansieht oder nicht, so kann ich nicht weitermachen. Und schon gar nicht kann ich jetzt irgendeine Lade dort unten aufmachen und nachsehen, ob Sicherungen drin sind. Ich weiche einen Schritt zurück. Das Licht halte ich direkt auf die Spinne. Wenn sie sich bewegt, laufe ich. Die Biester sind schnell. Die sind verdammt schnell, und obwohl sie wahrscheinlich alles will, nur nicht zu mir her – ich bin bereit. Mein Herz schlägt schneller. Dum, dum, du-dum, Pause, dum, dum.

Immer, wenn ich Angst habe, macht das Herz Extraschläge. Ich gehe langsam rückwärts aus dem Raum. Wenn ich schon eine tödliche Herzrhythmusstörung kriegen muss, dann gebe ich mir sicher nicht die Blöße und falle vor der Spinne um. Obwohl der Kardiologe gesagt hat, ich soll einfach Magnesium nehmen und mich ab und zu ausruhen.

„Was ist los?", fragt Klara. „Hast du die Sicherung ausgewechselt?"

Ich schaue auf die defekte Keramiksicherung in meiner Hand. „Nein, da war eine Spinne."

„Du leuchtest mir direkt ins Gesicht", sagt Klara. „Und eine Spinne? Was ist mit einer Spinne?"

„Da ist eine Spinne. Ich kann da nicht mehr hin."

„Ich kann dich beruhigen, da sind sehr viele Spinnen drin, die du alle nicht gesehen hast."

„Das ist nicht hilfreich."

„Jetzt stell dich mal nicht so an", sagt Klara, „sie werden dich schon nicht fressen."

„Ja genau."

Ich habe Spinnenangst. Niemand muss sich für Spinnenangst schämen. Spinnenangst ist vielleicht eine der rationalsten Angststörungen überhaupt. Angst vor Schlangen auch, oder Höhenangst. Das sind immerhin Ängste mit einem gewissen realen Hintergrund. Spinnen können giftig sein, Schlangen auch, und einen Sturz aus großer Höhe hat noch selten jemand überlebt. Dagegen Angst vor Mäusen – das ist irrational. Mäuse können niemandem etwas zuleide tun, Spinnen schon. Gut, wahrscheinlich nicht genau diese Spinne im Schweinestall, aber darum geht es ja nicht.

Heinz deutet zur Türe, die zum Stall führt. Er atmet schwer, man hört das Rasseln selbst dort, wo ich stehe, mehrere Meter von ihm entfernt. Er zeigt auf Maria, dann auf den Stall.

„Da gehe ich nicht hin“, sagt Maria. „Und wenn du mir etwas zu sagen hast, nimm gefälligst dein blödes Tablet mit der Frauenstimme.“

„Ja genau!“, schreit Alfred. „Ja genau“, und rempelt Heinz an.

Klara legt den Arm um Marias Schultern. „Schon in Ordnung.“

„Ja genau.“ Alfred geht hektisch im Vorzimmer auf und ab. „Ja genau“, sagt er, „ja genau, ja genau.“ Er geht zu Maria und umarmt sie. „Ja genau“, schreit er.

Maria drückt ihn. „Ist gut“, sagt sie, „ist ja gut, Papa, Daniel schafft das.“

Ich sehe Heinz an. „Hilfst du mir?“

Heinz schüttelt den Kopf.

„Irgendjemand muss mir die Taschenlampe halten.“

Heinz schüttelt noch einmal energischer den Kopf.

„Warum will hier eigentlich niemand in den verdammten Stall? Ich kann das nicht alleine.“

Niemand sagt etwas. Heinz atmet tief ein.

Klara nimmt mir die kaputte Sicherung aus der Hand und legt sie auf die Stiege. „Ich gehe mit.“

Ich schalte die Taschenlampe wieder ein und wir gehen gemeinsam los.

„Ja genau“, sagt Alfred und folgt uns, „ja genau.“

Die Spinne ist weg. Sie ist einfach weg.

Ich leuchte auf den Boden, unter den Kasten, in den Sicherungskasten darüber.

Keine Spur von der Spinne.

Die weiß offenbar doch, was gut für sie ist. Aber gut, mir ist es auch lieber, weil ich nicht gewusst hätte, wie ich die Lade aufmachen soll, wenn eine riesige Spinne neben dem Griff sitzt.

Ich leuchte den Griff nochmal gründlich ab, auch von unten. Keine Spinne.

„Mach mir bitte Licht", sage ich und drücke Klara das Handy in die Hand.

Ich öffne die obere Lade. Da sind keine Sicherungen, aber die Autobatterie. Die Autobatterie. Warum, in aller Welt, versteckt sie hier die Autobatterie? Vielleicht war sie der Meinung, die Batterie habe mit Strom zu tun, also müsse sie beim Sicherungskasten sein, aber die Logik ist mir trotzdem nicht klar. Ich nehme die Batterie aus der Lade. Es ist tatsächlich die Porschebatterie, meine Batterie. Das darf ja wohl nicht wahr sein!

In der unteren Lade liegen zwei staubige Keramiksicherungen. Ich nehme eine heraus, blase den Staub herunter, huste und öffne den Sicherungskasten.

Da sitzt sie.

Da sitzt sie, an der Innenseite der Türe. Als hätte sie darauf gewartet, als hätte sie genau gewusst, dass mir gar nichts anderes überbleibt, als in den Sicherungskasten zu greifen und die Sicherung einzusetzen.

Ich sehe mich um. Kein Stock, kein Besen, kein Irgendwas, mit dem ich sie verjagen oder erschlagen könnte.

Ich öffne die Türe ganz. Die Spinne bewegt sich nicht. Jetzt weiß ich, glaube ich, wie es sich anfühlt, wenn man kurz vor einer Panikattacke ist. Wenn diese Spinne jetzt auf meine Hand krabbelt, schreie ich.

Ich stecke die Sicherung in die Halterung und schraube, sehr langsam. Die Spinne hat sich bewegt, sie bewegt sich. Ich ziehe die Hand zurück. Sie hat sich bewegt. Gott, ist die schnell. Ich atme durch, greife an die Sicherung, mache die Augen fest zu und schraube. Ich schraube, so schnell ich kann, bis die Sicherung festsitzt, dann ziehe ich die Hand zurück, schüttle sie und mache die Augen wieder auf.

Sie ist weg.

Was, wenn sie in meinen Ärmel gekrabbelt ist? Nein, sie kann nicht in meinen Ärmel gekrabbelt sein, weil ich ein T-Shirt trage, und sie kann unmöglich meinen ganzen Arm bis zum T-Shirt nach oben gekrabbelt sein, ohne dass ich es gemerkt hätte.

Ich nehme das Handy wieder an mich und leuchte auf den Boden vor mir, drehe mich zur Türe, leuchte nochmal auf den Boden und gehe, so ruhig ich kann, nach draußen, ins Vorzimmer.

Sie sind weg. Sie sind beide verschwunden, Maria und Heinz.

„Wo sind sie?“, frage ich.

„Ja genau.“

31

Heinz sitzt alleine im Wohnzimmer, das Tablet neben sich auf der Couch.

„Wo ist Maria?“

Heinz antwortet nicht.

„Jetzt sag schon.“

Er schüttelt den Kopf, zeigt auf sein Tablet.

„Es ist mir egal, ob es eine Frauenstimme ist. Und ich will auch nicht warten, bis das Internet wieder funktioniert.“

Er schüttelt den Kopf.

Dass man so stur sein kann.

„Heinz“, sage ich, „du sagst mir jetzt sofort, wo Maria ist.“

Er nimmt sein Tablet und geht aus dem Zimmer. Beim Vorbeigehen glaube ich kurz, dass er mich anrempeln will, aber er duckt sich im letzten Moment weg und verschwindet auf den Gang.

„Setz dich“, sagt Klara. „Das Mädel ist sicher nach Hause gegangen.“

„Ich muss sofort zu ihr.“

„Zuerst setzt du dich hin und beruhigst dich.“

„Ja genau.“

Ich setze mich und atme tief durch. „Ich habe mich beruhigt.“

„Hast du nicht.“

Klara setzt sich neben mich und klopft mir auf die Schulter.

„Klara, kann ich dich etwas fragen?“

Sie hält die Augen geschlossen. „Frag."

„Was war im Schweinestall?"

Sie atmet tief durch. „Gar nichts."

„Klara, was war im Schweinestall? Irgendwas stimmt dort nicht. Maria will nicht hinein, alle verhalten sich seltsam und Alfred habe ich vorgestern mitten in der Nacht dort gefunden."

„Alfred war im Stall?" Sie öffnet die Augen.

„Ja, er ist direkt im Schweinekobel gehockt. Als würde er etwas suchen."

Klara seufzt. „Der Papa hat sie jede Nacht geholt, weißt du?"

„Wen hat er geholt?"

„Das Mädel."

„Maria?"

Sie nickt. „Jede Nacht hat er sie geholt, aus dem Stall, wenn Heinz sie wieder eingesperrt hat. Hat sie geholt und heraufgebracht, ins Bett, und hat sie am Dachboden versteckt, wenn Heinz gekommen ist und sie gesucht hat. Also lass sie in Ruhe, sie muss nicht mehr in den Stall, nie wieder muss das Mädel in den Stall."

Klara macht eine Pause, wischt sich übers Gesicht. „Sie hat so geschrien, so geweint und geschrien, und der Papa ist jeden Abend hinunter, jeden Abend, vor dem Schlafengehen und manchmal später noch einmal. Vor allem im Winter ist er oft ein paar Mal runter in der Nacht, weil er Angst gehabt hat, dass sie im Stall ist und sich was holt, bei der Kälte dort unten. Weil wenn der Heinz später nach Hause gekommen ist, hat er sie manchmal erst mitten in der Nacht eingesperrt, aus dem Bett heraus, ohne Decke, wenn sie aufgemuckt hat."

Klara hört auf zu reden, holt tief Luft und steht auf. Sie geht zum Fernseher, rückt das gehäkelte Deckchen zurecht, nimmt einen kleinen Holzelefanten und stellt ihn darauf.

„Er war ein guter Mensch", sagt sie, „der Papa."

Warum sie Heinz bloß hilft? Warum sie ihn jeden Tag pflegt, ihn füttert und bei sich wohnen lässt, keine Ahnung.

„Er war nicht immer ein schlechter Mensch", sagt sie, „weißt du? Wenn er nicht getrunken hat, war er lieb, ein guter Nachbar und ein guter Vater."

„Das ist doch egal. Man sperrt sein Kind nicht in einen Schweinestall."

„Ja, aber wenn er nicht getrunken hat, war er ein guter Mensch, einer, auf den du dich verlassen konntest."

„Ich gehe jetzt zu Maria", sage ich, „kommt ihr zurecht?"

„Geh, das passt schon."

32

Maria sitzt auf der Couch, sie hat sich zugedeckt.

„Maria“, sage ich. „Alles in Ordnung?“

Sie nickt. „Ich wollte nicht bei Heinz bleiben.“

Ich setze mich neben sie und sie kuschelt sich an mich.

„Ich mache uns Kaffee, willst du Kaffee?“

„Gerne.“

Ich stehe auf, gehe in die Küche. Ich nehme die Kanne vom Herd, entsorge den Kaffeesatz, löffle frisches Pulver in das Metallsieb und setze die Maschine auf den Herd. Das Feuerzeug funktioniert nicht gleich und eine große Gasflamme verpufft unter dem Gestell auf der Herdplatte.

„Seid ihr euch nah, du und Alfred?“, frage ich.

„Ja.“

Ich nehme die Kanne vom Herd und gieße den Kaffee in zwei Tassen. „Schwarz“, sage ich, „ohne Zucker.“ Ich setze mich wieder zu Maria und gebe ihr eine der Tassen. „Klara hat es mir erzählt.“

Sie nimmt einen Schluck Kaffee. „Er hat mich immer aus dem Stall geholt“, sagt sie, nimmt schnell noch einen Schluck. „Er ist immer gekommen. Jedes Mal.“

„Es tut mir so leid.“

„Was tut dir leid?“

„Dass Heinz dich eingesperrt hat.“

„Damit das klar ist“, sagt sie, „er hat mir nie etwas getan, mir nicht. Nur eingesperrt.“

„Das reicht aber auch."

„Es war kalt, besonders im Winter war es kalt. Nicht eiskalt, aber kalt genug. Und Alfred hat mich immer rausgeholt und auf mich aufgepasst. Auf mich aufgepasst", sagt sie, „mich ins Bett gebracht, ins Gästebett, oben, in der Mansarde, und Heinz hat mich am nächsten Tag abgeholt."

„Hat er nie gefragt, warum du bei den Nachbarn warst?"

„Nein. Er hat nie gefragt, er hat nie auch nur irgendetwas gesagt. Er hat mich am Vormittag abgeholt und dann, das nächste Mal, wenn er wieder getrunken hat, wieder eingesperrt. Manchmal habe ich Angst gehabt, was wäre, wenn Alfred und Klara auf Urlaub fahren. Oder einfach mal einen Tag lang nicht dran gedacht hätten? Aber Alfred war jeden Tag da, jeden einzelnen Tag. Deshalb", sagt sie, „gehe ich nicht in den Stall. Ich gehe nie wieder in den Stall."

„Es tut mir so leid."

Ich umarme sie und wir küssen uns.

33

Beim Aufwachen, bevor ich die Augen öffne, weiß ich nicht, wo mein Körper endet und Marias beginnt. Wir liegen auf der Couch, unter einer Decke, ich spüre die Haarstoppeln an ihren Unterschenkeln an meinen Beinen.

Ich öffne die Augen. Maria schläft noch. Ich löse mich vorsichtig von ihr und setze mich an den Bettrand. Die Luft hier drin ist schlecht, abgestanden, und es riecht leicht nach Sperma. Ich suche meine Unterhose am Boden, schlüpfe hinein und steige fast in das Kondom, das am Boden liegt. Ich nehme es und schleiche mich aus dem Zimmer.

In der Küche werfe ich einen Blick auf die Uhr und setze Kaffee auf. Es ist halb elf. Ich habe schon lange nicht mehr bis halb elf geschlafen. Es war die erste Nacht, seit ich hier bin, in der ich gut geschlafen habe – ohne Babyphon, ohne Alfred.

„Guten Morgen“, sagt Maria hinter mir. Sie trägt eine weiße Jogginghose und ein Trägerleibchen. Sie kommt zu mir, umarmt mich und küsst mich auf die Wange.

„Willst du Frühstück?“

Sie löst sich von mir und geht zum Kühlschrank. „Toast und Marmelade, mehr habe ich nicht.“

„Und Kaffee“, sage ich, „klingt doch gut. Was hältst du davon, wenn wir uns heute einen schönen Tag machen?“

„Was meinst du?“

„Wir könnten einkaufen und dann brunchen."

„Ich glaube nicht, dass Klara weiß, was ein Brunch ist."

„Ich habe nur uns beide gemeint."

„Okay", sagt sie, „aber lass uns ein Abendessen machen. Lass uns den ganzen Tag rumliegen, Nintendo spielen und Musik hören. Und dann kochen wir, irgendwas mit Fleisch, vielleicht was Geschmortes, dann kochen wir und vor dem Essen gehen wir in die Sauna."

„Super", sage ich, „da habe ich ein Rezept."

34

Es ist wirklich schönes Fleisch. Ich mag die Teile zum Schmoren, mit der groben Struktur, bei der man die Muskelfasern sieht, die Flachsen und die kleinen, weißlichen Fettstraßen, die es durchziehen. Was ich nicht mag, ist der Geruch. Genauer gesagt: der erste Geruch beim Öffnen der Packung. Besonders schlimm ist das bei diesen Luxussteaks, die ewig lange abgehangen sind. Die riechen wirklich schon nach Durchfall, bevor man irgendetwas damit gemacht hat.

„Schneidest du mir ein Stück ab?“, bittet mich Maria.

„Vom Fleisch?“, frage ich.

„Ja.“

Ich schneide ihr ein kleines Stück vom Fleisch ab. Sie steckt es in den Mund und kaut.

„Mhm“, sagt sie, „ich könnte das ganze Fleisch so essen.“

„Du magst rohes Fleisch?“

„So ist es am besten.“

Als Vorspeise machen wir kleine, selbstgebackene Brote mit Kräuteraufstrich. Der Teig ist schon fertig und geht gerade in der Schüssel auf dem Fensterbrett über dem Heizkörper.

Maria schneidet das Fleisch in mehrere große und in ein paar kleinere Stücke. Ich nehme den Ochsenschlepp aus der Folie.

„Wozu brauchst du den?“, fragt Maria.

„Ochsenschlepp", sage ich, „aber keine Angst, den musst du nicht essen, der ist nur für die Konsistenz."

Das ist die Kunst: Wenn man gute Konsistenz in einem Schmorgericht haben will, braucht man Kollagen, das man mitköchelt. Das geliert und gibt der Soße ihre Konsistenz. Und entweder kauft man schlechtes Fleisch mit vielen Flachsen oder man nimmt gutes, mageres Fleisch und kocht Ochsenschlepp mit. Ochsenschlepp ist eine Kollagenbombe.

„Zu essen bekommen wir nur das gute Fleisch", sage ich, „das wird butterweich."

Ich brate die Zwiebel an, dann das Fleisch. Ich liebe den Geruch, wenn es brät, auch den Geruch der Zwiebel, aber am meisten den Geruch von Knoblauch in heißem Öl. Ich werfe zwei Zehen hinein.

„Das wird herrlich."

„Du lobst dich gern, was?", sagt Maria und boxt mich in die Rippen.

Ich leere den Rotwein in den Topf, dazu Wasser und Suppe und schalte den Herd auf kleine Flamme.

„Jetzt können wir gehen", sage ich, „jetzt macht es sich von selbst."

Die Sauna ist wunderbar warm. Ich klettere auf die obere Bank.

„Hier oben fühlt es sich viel weiter an", sage ich, „komm rauf."

Maria setzt sich neben mich. „Aber die Tür bleibt offen! Weißt du, es gibt immer wieder Geschichten, dass jemand in der Sauna gefangen war und nicht mehr rausgekommen ist und dann an einem Hitzschlag gestorben ist."

„Ja“, sage ich, „aber das geht hier nicht, weil es eine Schiebetüre ist, und die kann nicht zufallen. Es müsste uns schon jemand hier einsperren, und selbst da bin ich nicht sicher, wie das bei der Türe gehen sollte.“

35

Am Nachmittag hat es geregnet, und am Boden friert eine dünne Schicht Wasser gerade an. Unsere Körper dampfen. Ich hake die Daumen in dem Handtuch um meine Hüften ein.

„Ich mag das sehr", sage ich.

„Die Kälte?"

„Dass man sie nicht spürt."

Maria trägt ihre Hausschuhe. „Stimmt", sagt sie, „nur den Wind, den Wind spüre ich schon."

„Ja", sage ich, „den Wind."

Es ist dunkel, und die Häuser in der Nachbarschaft leuchten.

Maria hört es als Erste.

„Da schreit jemand", sagt sie, „im Haus."

Sie läuft los, ich ihr nach, obwohl ich nichts höre. Ein paar Meter weiter, da höre ich es auch: Es ist Klara.

„Papa", schreit sie, „Papa, Papa!"

Maria hämmert an die Haustüre. „Mach auf, mach auf!"

Ich will gerade zur Garage laufen, da öffnet Klara die Haustüre.

Ich reiße die Türe auf, Klara zeigt Richtung Schweinestall und man hört es auf den paar Schritten dorthin, ein Wimmern. Und dann Alfred. Alfred bäuchlings am Stallboden und Heinz daneben an der Wand, das Tablet mit zerbrochenem Bildschirm auf dem Boden zwischen den beiden.

„Ja genau“, jammert Alfred, „ja genau, ja genau.“

„Was ist passiert?“, schreie ich. „Was ist hier los?“

Heinz lacht.

Ich drehe Alfred auf den Rücken.

Er schreit, aber nicht so, wie er normalerweise schreit, sondern rau, wie ein Tier, und er zeigt auf seine Hüfte.

„Kannst du sitzen?“, frage ich und will ihm aufhelfen.

Er gibt noch einmal diesen tierischen Schrei von sich und schlägt auf mich ein, als ich ihn unter den Schultern fassen will. Es sind leichte Schläge, mit den flachen Händen, wie ein Kind schlagen würde. Es tut nicht weh.

Klara und Maria kommen herein. „Papa“, sagt Klara, „Papa.“

Maria blickt auf die Szene, auf Alfred, Heinz, mich, und Klara, auf Alfreds Beine. „Ich rufe die Rettung.“

Sie macht auf dem Absatz kehrt und geht aus dem Stall. Kein Wort zu Heinz, keines zu mir, sie geht hinaus und man hört sie draußen leise telefonieren.

Alfred wimmert. Klara streichelt seinen Kopf, und Heinz sitzt weiterhin an der Wand, als ginge ihn das alles nichts an.

„Kinder“, sagt Klara, „ihr werdet euch verkühlen, alle beide, nur mit den Handtüchern.“

„Schon okay“, sage ich, und zu Heinz: „Was ist passiert?“

Heinz zeigt auf sein kaputtes Tablet und zuckt mit den Schultern.

Dass es ihm so egal ist, dass Alfred hier liegt. Wahrscheinlich war sowieso er der Schuldige, oder sie haben gestritten. Aber selbst wenn man streitet, man bricht nicht einfach so jemandem das Bein. Falls es wirklich gebrochen ist.

„Wir müssen ihn hochheben“, sage ich, „oder zumindest eine Decke holen.“

Der Boden ist eiskalt. Wer weiß, wie lange Alfred schon daliegt. Es ist sehr wichtig, ihn jetzt zuzudecken, sonst kann er erfrieren.

Ich laufe zurück ins Haus und hole die Decke von der Couch.

Wenn Heinz das war, kann er sich gleich ins Krankenhaus dazulegen. Was soll das, den armen, dementen Alten einfach so zu verletzen?

Aber er muss es nicht gewesen sein, Alfred könnte auch gestürzt und das Tablet sonst wie kaputtgegangen sein. Aber ausgerechnet im Schweinestall – und ausgerechnet, wenn sie beide allein waren? Das glaube ich nicht.

Maria steht in der offenen Haustüre. Sie hat sich angezogen und hält mir mein Gewand hin. Ich bemerke erst jetzt, dass ich friere.

„Ich warte draußen auf die Rettung“, sagt sie und nimmt sich ihre Jacke vom Haken, dreht sich um und geht zur Türe hinaus.

„Die brauchen mindestens eine Viertelstunde“, sage ich, aber sie hört mich, glaube ich, nicht mehr – oder sie will mich nicht hören.

Ich schlüpfe schnell in mein Gewand und gehe ihr nach, bleibe aber in der Türe stehen. Sie steht am Vorplatz und raucht. „Alles okay?“, frage ich.

„Gar nichts ist okay“, sagt sie, „gar nichts!“, und wirft die nicht einmal halb gerauchte Zigarette auf den Boden. Sie zischt und verlöscht. Maria steckt die Hände in die Jackentaschen.

„Ich komme gleich“, sage ich, „ich muss ihm die Decke bringen.“

„Ist gut“, sagt sie, „alles ist gut.“

Ich lasse sie ungern alleine, aber ich kann nicht bei ihr stehen, während Alfred da drin erfriert. Wie lange kann man auf einem so kalten Boden liegen, bevor es gefährlich wird? Sicher nicht lange. Ich gehe in den Stall.

Alfred hat die Augen geschlossen und Klara streichelt ihm über die Stirn. Hoffentlich ist er nicht tot. Von hier aus kann ich nicht erkennen, ob er noch atmet. Hoffentlich schläft er nur, vielleicht ist er eingeschlafen. Aber man sollte ihn nicht einschlafen lassen. Das weiß jeder, wenn man einschläft, erfriert man. Das Erfrieren kommt wie ein angenehmer Schlaf.

„Nicht schlafen“, rufe ich.

Alfred macht die Augen auf. „Ja genau“, schreit er, und dann schließt er die Augen und wimmert wieder.

„War das jetzt nötig?“, fragt Klara. „Er hätte sich gerade so gut beruhigt.“

„Er darf nicht einschlafen. Wenn er einschläft, erfriert er.“

Klara schüttelt den Kopf. „Er war einfach müde, es ist spät und er ist verletzt. Gib mir die Decke."

„Trotzdem", sage ich, „wir sollten sichergehen, dass ihm nichts passiert."

„Du bist gut! Nichts passieren ... Es ist ihm schon mehr als genug passiert."

Ich gebe ihr die Decke und sie deckt Alfred damit zu.

Die Rettung fährt ein paar Minuten später in den Hof. Sie kommen zu dritt, ein älterer Mann und zwei junge Frauen. Ich bin gespannt, wie die drei es schaffen wollen, Alfred da rauszutragen. Er ist zwar alt, aber ein großer Mann, im Stall ist es richtig eng, und der alte Sani sieht nicht aus, als könne er noch besonders viel tragen. Und eine der Sanitäterinnen, die ältere mit dem Bürstenhaarschnitt, ist so dick, dass sie unter ihrem eigenen Gewicht schon schwer atmet.

„Hier entlang", sage ich, „der Patient liegt hier."

„Sind Sie vom Fach?", fragt die Dicke.

Ich schüttle den Kopf. „Aber ich habe ihm eine Decke besorgt, damit er nicht auskühlt."

„Sehr löblich", sagt der Alte, schultert seine Notfalltasche und geht Richtung Schweinestall.

Sie haben es relativ schnell diagnostiziert: Verdacht auf Oberschenkelhalsbruch. Sie sind sich ziemlich sicher und auch schnell einig, dass man ihn schienen muss und dann raustragen. Das Problem sind die niedrigen Mauern, die den eigentlichen Schweinekobel umgeben.

„Man kann mit der Fahrtrage nicht drumherum“, meint der Alte, „wir müssen ihn auf eine andere Trage umlagern und mit der dann über die Mauern drüberheben.“

Genau das, was ich ohnehin gedacht habe. Sie schaffen es nicht, ihn da drüberzuheben – zumindest unversehrt drüberzuheben.

„Soll ich helfen?“, frage ich. „Oder sollen wir die Feuerwehr holen?“

„Wir brauchen keine Feuerwehr“, sagt die Dicke, „wir müssen ihn nur heben.“

Nur heben. Na ja, wie sie meint, sie wird es ja sehen.

Maria nimmt mich am Arm. „Komm“, sagt sie, „die machen das schon.“

„Die machen das nicht. Die schaffen das nie. Wie sollen die das schaffen? Die schaffen es ja kaum, ihr eigenes Gewicht aus dem Auto zu stemmen.“

„Entschuldige“, sagt Maria, an die Sanis gewandt, „es geht ihm heute nicht gut.“

„Es geht mir sehr gut.“

„Du kommst jetzt mit.“

Maria zerrt mich am Arm ins Freie.

„Daniel“, sagt sie zu mir, „die wissen genau, was sie machen.“

„Den Eindruck hatte ich nicht.“

„Du hast keine Ahnung, kein bisschen Ahnung, wie man einen Verletzten irgendwo rausbringt, und du willst drei Sanis erzählen, was sie zu tun haben?“

„Aber die machen das falsch.“

„Gar nichts weißt du. Du mischst dich nur überall ein, ohne Rücksicht auf Verluste, und es ist dir in Wahrheit völlig egal, was rauskommt, Hauptsache, du hast dich durchgesetzt."

„Und was ist, wenn ihnen Alfred runterfällt? Dann hat er ein Schädelhirntrauma oder sonst was. Dann ist er Gemüse, kaputt, erledigt, und dann bricht alles hier zusammen."

„Hier ist schon längst alles zusammengebrochen!", schreit sie mich an.

„Wir können ihnen helfen."

„Nein, können wir nicht. Wir können nur alles noch schlimmer machen."

„Wir können nicht einfach gar nichts machen."

„Doch", sagt sie, „doch, das können wir. Lass sie doch einfach in Ruhe, lass doch alle in Ruhe."

„Aber grundsätzlich", sage ich, „du solltest wirklich mit Heinz sprechen. Ihr solltet reden, und er sollte sich mit Alfred versöhnen."

„Versöhnen? Es gibt kein Versöhnen, und wenn du alles aufreißt, wird es nur noch schlimmer."

„Na ja, aber sie müssen doch wieder zusammenwohnen, wenn Alfred nach Hause kommt."

„Alfred kommt nicht nach Hause, und wenn du das ernsthaft glaubst, träumst du. Der kommt, wenn er Glück hat, direkt ins Heim, falls er das Krankenhaus und die OP überlebt. Falls. Und außerdem, sie müssen sich nicht zusammenraufen, die müssen sich nicht versöhnen. Vergiss es", sagt sie, „vergiss es einfach. Und mach von mir aus mit Heinz, was du willst."

Sie steht auf und läuft davon.

„Lass mich in Ruhe", schreit sie mich an, als ich nachkommen will, und dann drehe ich um und setze mich auf die Stufen zur Eingangstüre.

Ich höre sie ums Eck beim Ringlottenbaum weinen.

Sie war im Schweinestall. Das ist es. Sie war im Schweinestall, wegen mir war sie im Stall, weil ich mich verhalten habe wie ein dummer Bub. Und deshalb, nur deshalb hat sie mich auch rausgezerrt, wie man einen dummen Buben rauszerren sollte, der sich in Dinge einmischt, von denen er nichts versteht.

Der alte Sanitäter kommt heraus, steigt über meine ausgestreckten Beine, nimmt die Fahrtrage aus dem Wagen und positioniert sie hinter dem Auto. Dann holt er eine silberne, schmale Metalltrage, die an der Innentüre befestigt ist, und geht wieder ins Haus. Bei mir macht er kurz Pause und klopft mir auf die Schulter, dann geht er wieder, ohne ein Wort zu sagen, ins Haus.

36

„Lass es“, sage ich, „bitte.“

Klara steht mit dem Besen in der Hand im Schweinestall und putzt. Keine Ahnung, was sie eigentlich putzt. Der Boden war vorher schon schmutzig, und es gibt keine Scherben, keinen Dreck, nichts, was nicht schon vorher da gewesen wäre.

„Lass es“, sage ich, „was machst du?“

„Ich putze. Lass mich putzen. Du kannst ja gehen, aber lass mich putzen.“

„Das ist dir doch zu anstrengend.“

„Was weißt du von anstrengend?“

Sie kehrt den Staub und die kleinen Holzteilchen, den Schmutz auf einen Haufen und macht dann in einer anderen Ecke weiter.

„Man muss hier saubermachen“, sagt sie.

Heinz ist nicht zu sehen, er ist nicht im Wohnzimmer, nicht in der Küche. Soll er bleiben, wo er will, von mir aus in seinem Zimmer oder sonst wo, mir egal.

Ich gehe hinauf in mein Zimmer und schalte mein Handy ein.

Ich warte eine Minute, hoffe auf eine Nachricht von Maria, aber da ist nichts.

– Maria?
– Maria?
– Es tut mir leid.

Keine Antwort.

– Darf ich zu dir kommen?
– Ich mache mir Sorgen.
Wieder nichts.

Ich sitze eine Zeitlang da, keine Ahnung, wie lange, und starre die Ritter an.

Das Handy vibriert.
– will alleine sein
– Maria?
– bitte

Ich nehme Dietrich von Bern und werfe ihn in die Ecke.

37

Ich muss etwas tun. Ich muss irgendetwas tun. Wenn ich nur wüsste, was.

Ich würde gern Maria fragen, die wüsste, was zu tun ist. Aber das geht nicht, sie will alleine sein – und das wegen mir.

Sie sind aber auch stur, die Alten. Als wäre das so schwer, mal einen Schritt aufeinander zuzugehen. Ich meine, jetzt ist es vielleicht schwer, aber es wäre leichter gewesen, sich zu entschuldigen, sich zu versöhnen. Aber auch jetzt ist noch nicht alles verloren. Solange man lebt, kann noch nicht alles verloren sein.

Jemand muss den ersten Schritt machen. Heinz. Heinz muss den ersten Schritt machen.

Aber was, wenn es schiefgeht? Wenn er es versaut, wenn es noch mehr Streit gibt und alles endgültig schiefgeht?

Nein, er muss sich entschuldigen, das ist der einzige Weg. Er muss sich bei allen entschuldigen, angefangen bei Alfred, dann Klara und – das ist das Wichtigste – bei Maria. Damit fängt alles an, und dann kann alles wieder werden. Auch mit mir und Maria. Dann gibt es für alle eine Chance.

Und alles beginnt mit Heinz und mit einer Entschuldigung. Aber es muss eine ehrliche Entschuldigung sein. Er muss es ernst meinen, muss wirklich meinen, was er sagt, sonst hat es keinen Sinn. Er muss bereuen. Nur, wenn er bereut, kann es weitergehen.

Mit Alfred fangen wir an. Wir fahren zu Alfred ins Krankenhaus, dort entschuldigt Heinz sich, und dann fahren wir zu Maria. Die Frage ist, ob ich ihr etwas von meiner Idee erzählen sollte. Ich glaube nicht, dass das klug wäre, weil sie dann wahrscheinlich alles ablehnen würde.

38

„Heinz“, rufe ich schon vor seiner Zimmertür, „ich weiß, dass du hier bist.“

Keine Antwort.

„Ich will nur reden, Heinz. Du musst keine Angst haben.“

Ich will ja wirklich nur reden, ich will ihm wirklich nichts Böses, ich will nur, dass er alles wiedergutmacht, dass er sich entschuldigt. Und ich lasse ihn nicht hierbleiben und sich verstecken. Sicher nicht.

Heinz sitzt auf dem Boden und versucht, die Verschlusskappe seiner Ernährungssonde zu öffnen, aber er zittert zu sehr und es gelingt ihm nicht. Neben ihm auf dem Boden steht eine halbvolle Flasche Marillenschnaps und eine Spritze ohne Nadel. Das zerbrochene Tablet liegt daneben.

„Heinz“, sage ich, „ich will nur reden.“

Er sieht mich an und zeigt auf das kaputte Tablet.

Ich hebe es auf. Der Bildschirm ist gesprungen, aber es funktioniert noch.

Kein WLAN. Er hat kein WLAN. Entweder ist der Router kaputt oder es ist ein Softwareproblem nach dem Stromausfall. Wie auch immer.

„Warte“, sage ich und greife in meine Hosentasche nach dem Telefon. „Ich mache dir einen Hotspot.“

Er zuckt mit den Achseln.

„Jetzt können wir reden. Darf ich mich zu dir setzen?“

Er zeigt auf den Boden vor sich und nestelt weiter an der Verschlusskappe.

„Danke“, sage ich und setze mich zu ihm. „Heinz, du musst etwas tun, wir müssen etwas tun. Wir müssen zu Alfred, und du musst alles wiedergutmachen.“

Heinz schüttelt den Kopf.

Ich stehe auf und gehe im Raum herum.

Heinz hustet. Er nimmt das Tablet und tippt. Es dauert mehrere Sekunden, bevor die Stimme aus den Lautsprechern kommt.

> Was soll das bringen?

Ich werfe einen Blick auf mein Handy. Nur 2G, deshalb funktioniert es so schlecht.

„Lass uns rausgehen“, sage ich, „da haben wir besseren Empfang. Bitte, du musst mitkommen. Du kannst es immer noch gutmachen.“

Heinz zeigt auf die Ernährungssonde und dann auf die Schnapsflasche.

„Du willst dir das da reinspritzen?“

Er nickt und faltet dann die Hände.

„Das darf man doch sicher nicht.“

Heinz zuckt mit den Schultern. Er faltet noch einmal die Hände.

„Es gibt jetzt sicher keinen Schnaps für dich.“

Er nimmt das Tablet.

> Ein Schluck, dann komm ich mit.

„Na gut.“

Ich helfe ihm, die Verschlusskappe zu öffnen, dann halte ich ihm die Schnapsflasche schräg. Er zieht die ganze Spritze voll Schnaps auf und drückt sie mir in die Hand.

„Ich kann das nicht."

Er nickt, nimmt das Ende der Ernährungssonde in die Hand und hält sie mir hin. Wir zittern beide, und es braucht ein paar Anläufe, aber dann schaffe ich es, die Spritze an die Sonde anzustecken, und ich spritze den Schnaps durch den Schlauch in seinen Magen.

Heinz steht auf, sieht mich an und geht aus dem Zimmer, den Gang hinunter zum Ausgang.

Er setzt sich auf die Stufen vor der Türe. Ich hole mein Handy heraus. LTE, jetzt können wir besser reden.

„Heinz, du bist es ihm schuldig, er ist schwer verletzt. Das warst doch du, nicht wahr, das warst du?"

Ich weiß genau, dass er es war. Jeder weiß es, nur ich möchte es von ihm selbst hören. Ich könnte jetzt sagen, ich möchte es aus seinem Mund hören, aber das wäre zynisch.

„Sag es, sag es einfach, dann ist dir leichter. Sag, dass du es warst, dass du schuld bist an allem – an Alfred und an allem anderen."

Heinz tippt ein paar Sekunden lang, sehr langsam, dann löscht er alles wieder weg. Ich versuche noch, einen Blick auf den Bildschirm zu kriegen, aber ich kann nicht lesen, was er geschrieben hat.

„Heinz", sage ich, „es gibt nur einen Weg, und du musst es auch nicht mir sagen, du musst es nur Alfred sagen, dem bist du es schuldig. Mir nicht, aber bitte komm mit, bitte rede mit ihm, nur kurz."

Heinz tippt.

> Der versteht nichts mehr.

„Egal, es wird dir auch guttun, wenn du dich entlasten kannst, es wird dir auch helfen, glaub mir, ich weiß das, ich kann es spüren, und tief drin spürst du es auch.“

Heinz lacht sein röchelndes Lachen.

39

Ich setze die Batterie in den Porsche ein. Heinz steht neben dem Wagen. Ich setze mich in den Wagen. Hoffentlich funktioniert die Batterie. Und hoffentlich funktioniert mein Plan, hoffentlich mache ich das Richtige. Es fühlt sich jedenfalls richtig an.

Eigentlich wollte ich ja nur den Porsche holen, wegfahren – irgendwohin, einfach wegkommen. Seltsam, ich habe mir in den letzten Tagen noch nicht mal überlegt, wohin.

Ich könnte einfach losfahren und Heinz hier stehen lassen, in der alten Garage. Das Haus stehen lassen, Klara, Maria, alle, mit ihren Problemen könnte ich sie einfach hierlassen. Heinz könnte nicht einmal etwas sagen, er könnte nur tippen, und das vielleicht noch vier, fünf Sekunden lang, bis ich mit dem Handy-Hotspot außer Reichweite wäre, und dann wäre ich weg.

Es ist ja auch nicht so, als hätte ich nicht selbst genug Probleme, nein, ich musste mir das hier ja einbrocken, das war gerade noch nötig. Aber jetzt kann ich nicht einfach abhauen, ich muss das hier zu Ende bringen.

Und ich will ja auch nicht weg. Ich will bleiben, bei Maria.

Ich starte den Motor, und tatsächlich: Er läuft. Ich hatte schon fast vergessen, wie gut er klingt.

„Steig ein“, sage ich zu Heinz, „wir fahren los.“

Bis zum Krankenhaus sind es zwanzig Minuten, ich lasse den Hotspot laufen. „Du kannst tippen", sage ich, „das Handy funktioniert die ganze Zeit."

Er tippt nichts, während der ganzen Fahrt nicht, und ich habe auch keine Lust, einen Monolog zu führen, also schalte ich das Radio ein und schweige. Wir hören das Regionalradio, Donovan, *Catch the Wind*, ein Uraltsong, aber er gefällt Heinz, glaube ich. Zumindest schließt er die Augen und hört zu.

Ich versuche zweimal, Maria anzurufen, aber sie hebt nicht ab. Immerhin, sie drückt den Anruf auch nicht weg. Vielleicht ruft sie ja noch zurück. Ich habe das Gefühl, ich sollte ihr sagen, dass ich mit ihrem Vater unterwegs bin, dass er sich entschuldigen wird. Und wenn es mit Alfred gut läuft, könnten wir gleich zu ihr fahren, wenn sie will. Aber nur, wenn sie auch will, weil ich sie damit nicht überfallen will. Aber es wäre schön, wenn Heinz sich auch bei ihr entschuldigen würde, und alles gutmachen, was er getan hat. Er braucht nur ein bisschen Druck, er ist stur wie ein Esel, aber er wird es gutmachen, wenn ich ihm ein wenig helfe. Wenn er nicht die richtigen Worte findet, könnte ich ihm helfen. Nicht direkt für ihn tippen, aber ihn unterstützen, vielleicht bei der ein oder anderen Formulierung.

Die Krankenhausgarage ist eng, ich brauche eine Zeitlang zum Einparken. Hier im Keller gibt es auch keinen Handyempfang. „Hier kannst du nicht reden, wir müssen raufgehen", sage ich zu Heinz.

Abgesehen davon weiß ich nicht, wo sie Alfred aufgenommen haben. Wahrscheinlich auf die Unfallchirurgie, aber ich weiß nicht einmal, wo die Unfallchirurgie überhaupt ist.

„Nimm das Tablet mit“, sage ich.

Er zuckt mit den Schultern.

„Wie willst du mit Alfred reden, wenn du kein Tablet hast?“

40

„Schau“, sage ich, „die schönen Fische.“

Heinz sieht das Aquarium nicht einmal an, er würdigt es keines Blickes. Er fixiert den Oberarzt am Ende des Stationsgangs, der uns aber, glaube ich, nicht bemerkt hat.

> Wie lange müssen wir warten?

„Ich weiß es nicht, aber wir dürfen sicher bald rein.“

> Ich will nicht mehr warten und ich will ihn eigentlich gar nicht sehen.

„Du musst Alfred sehen, du würdest es dir nicht verzeihen.“

> Glaube ich nicht.

Heinz steht auf und geht zum Aquarium.

„Schöne Fische“, sage ich.

Heinz nickt.

Der Oberarzt kommt den Gang herunter. Heinz sieht die Fische an.

„Guten Tag“, begrüßt uns der Arzt.

„Guten Tag“, sage ich.

Heinz sieht die Fische an.

Der Oberarzt nickt mir zu und sagt noch einmal „Guten Tag“.

Heinz sieht weiterhin nur die Fische an.

Der Oberarzt zuckt mit den Schultern und geht weiter.

Heinz nimmt sein Tablet.

> Der soll sich verziehen.

Das Problem ist nur, dass das Tablet nicht flüstern kann und das ziemlich laut sagt. Der Oberarzt dreht sich um, lacht und geht weiter.

Heinz atmet tief ein.

> Scheiße.

Die Schwester kommt aus Alfreds Zimmer. „Sie können jetzt rein."

Alfred liegt im ersten Bett. Das zweite Bett ist frisch überzogen und leer. Neben Alfreds Bett hängt auf einem Infusionsständer eine große Glasflasche mit orangefarbener Flüssigkeit.

Gut sieht er nicht aus. Alfred schläft auf einer Luftkissenmatratze und am Fußende des Betts surrt ein Motor. Ein nackter Fuß steht unter der Decke hervor.

„Hallo Alfred", sage ich.

Er öffnet die Augen und lächelt. „Ja genau." Beim Versuch, sich aufzurichten, fällt er wieder zurück in den Polster. „Ja genau."

> Lange nicht gesehen.

Ich drücke einen Knopf auf der Fernbedienung für das Bett und das Kopfteil fährt nach oben.

„Ja", sagt Alfred, „ja genau, ja genau!"

„Siehst du", sage ich zu Heinz, „er freut sich, uns zu sehen."

„Ja genau", sagt Alfred und schüttelt den Kopf.

> Ich mich auch.

„Setz dich zu ihm, ihr solltet reden."

„Ja genau." Alfred. Er fingert nach der Fernbedienung seiner Morphiumpumpe und drückt zweimal auf den Knopf. Die Pumpe surrt.

> Was sollen wir reden?

Alfred sagt nichts.

> Ein bisschen plaudern, plaudern wir ein bisschen.

Alfred schüttelt den Kopf.

> Willst du nicht plaudern?

„Ja genau."

„Ich gehe euch einen Tee holen", sage ich, „will jemand einen Tee?" Das kommt mir schon dumm vor, da habe ich es nicht mal ganz gesagt.

Ich gehe trotzdem aus dem Zimmer und zu der Teestation am Gang. Ich lasse zwei Tassen ein. Dass es in Krankenhäusern immer denselben Hagebuttentee gibt. Ich nehme noch einen Strohhalm für Alfred und trage alles ins Zimmer.

„Tee", sage ich.

> Wir reden gerade so schön.

Ich stelle das Kopfende noch ein Stück weiter nach oben und halte Alfred die Tasse mit dem Strohhalm hin. Er nimmt ihn in den Mund und saugt mit kleinen Schlucken, aber gierig, bis die Tasse leer ist. Er hebt den Kopf, sieht in die leere Tasse, sieht mich an und fragt: „Ja genau?"

Ich nehme die zweite Tasse. „Natürlich, Alfred."

Er trinkt, verschluckt sich, hustet und der Strohhalm fällt ihm aus dem Mund und macht kleine rote Spritzer auf die Bettdecke. „Ja genau", ruft Alfred.

> War er zu stark, der Tee?

„Lass ihn, er kann ja nichts dafür."

Ich stütze Alfred und er setzt sich ein wenig, beugt den Kopf nach vorne. Seine Haare am Hinterkopf sind vom Liegen plattgedrückt und stinken. Er hustet noch einmal und lässt sich zurück ins Bett sinken.

> Reden wir über Maria.

Alfred dreht den Kopf weg. „Ja genau."

> Kannst du Malaysia ordentliche reden.

Heinz schlägt mit der flachen Hand auf den Bildschirm, tippt noch einmal.

> Kannst du mal ordentlich reden.

Alfred sagt „Ja genau", aber so leise, dass man das zweite Wort fast nicht versteht.

„Du solltest dich entschuldigen", sage ich zu Heinz.

> Warum sollte ich?

„Du musst dich entschuldigen, für das, was du Maria angetan hast, und für letzte Nacht."

> Ich muss nichts, der alte Trottel versteht sowieso nichts mehr.

Alfred dreht den Kopf weg und jammert. „Ja genau, ja genau."

„Ich glaube, es reicht."

„Ja genau."

Ich trage die beiden Tassen aus dem Zimmer, und als ich zurückkomme, steht Heinz ganz nah am Bett.

> Maria, Maria.

„Es reicht", sage ich und deaktiviere den Hotspot auf meinem Handy. Jetzt hat Heinz keinen Empfang mehr, jetzt ist Schluss mit dem Tablet.

Alfred drückt auf den Knopf an der Morphiumpumpe.

„Wir fahren jetzt."

Heinz reagiert nicht.

„Es ist wirklich genug", sage ich und Heinz lehnt sich ganz nah an Alfreds Gesicht. Er legt den Finger auf das Loch in seinem Hals und schnarrt, kaum verständlich, „Maria, Maria, Maria."

„Ja genau", sagt Alfred und Heinz drückt auf den Knopf an der Morphiumpumpe. „Noch mehr", schnarrt Heinz und drückt.

„Ja genau", sagt Alfred und Heinz drückt.

Wieder und wieder drückt er, die Pumpe surrt, und dann leuchtet ein rotes Licht und sie surrt nicht mehr. Heinz drückt weiter.

Alfred macht einen tiefen Seufzer und schließt die Augen. „Ja genau", sagt er, und ich kann ihn kaum noch verstehen, „ja genau."

„Es reicht", sage ich und ziehe Heinz vom Bett weg.

Heinz hält sich am Bettgitter fest und ich ziehe noch fester. Er stürzt und reißt Alfred die Infusionsleitung aus dem Arm. Die Pumpe fällt auf den Boden, der Infusionsständer auch, und die große, orangefarbene Glasflasche zerplatzt. Die Infusionslösung klebt überall auf uns, auf Heinz, mir, dem Tablet. Die Flüssigkeit stinkt.

„Ja genau", sagt Alfred, „ja genau, ja genau", und blutet aus der Ellenbeuge auf das weiße Bettlaken.

41

„Das war jetzt wirklich unnötig“, sage ich und starte den Motor.

Heinz sagt nichts. Könnte er auch nicht, in der Garage hat das Handy keinen Empfang und den Hotspot habe ich ohnehin nicht wieder eingeschaltet.

„Entschuldigen hättest du dich sollen“, sage ich, „einmal in deinem Leben.“

Ich parke aus, schlage nach links ein.

Ich höre es erst, als es zu spät ist. Ein hässliches Knacken, als ich mit dem linken hinteren Radkasten an die Säule fahre. Scheiße. Scheiße, Scheiße.

„Jetzt sitz nicht rum“, sage ich zu Heinz, „tu irgendwas.“

Verdammt. Ich sehe in den Rückspiegel, schlage das Lenkrad ein und setze zurück. Ich will nicht noch mehr kaputt machen, aber es lässt sich nicht vermeiden, dass das scheußliche Geräusch ein zweites Mal zu hören ist. Ich ziehe die Handbremse und steige aus.

Das wird teuer. Es ist nicht nur der Lack, der ganze Radkasten ist eingedrückt und die Kratzer gehen tief. Und das alles, weil Heinz nicht weiß, wie er sich zu benehmen hat.

Ich steige wieder ein. Am liebsten würde ich jetzt schreien, einfach losschreien, aber ich gebe mir vor Heinz sicher keine Blöße, ich lasse mir nichts anmerken. Ich sage gar nichts, obwohl ich ihm noch viel an den Kopf werfen möchte, sondern fahre zum Automaten, zahle und wir fahren aus der Garage und auf die Bundesstraße.

Nach ein paar Kilometern läutet mein Handy. Es ist Maria. Ich hebe ab.

„Hallo“, kommt ihre Stimme aus den Boxen.

Heinz sieht aus dem Fenster, als ginge ihn das alles nichts an.

„Du bist auf der Freisprecheinrichtung“, sage ich, „Heinz ist bei mir.“

„Heinz“, sagt sie und macht dann eine Pause, mehrere Sekunden lang. „Hör mal, ich würde gern mit dir reden, aber alleine. Kannst du nachher kommen?“

„Okay, ich bringe nur Heinz nach Hause.“

Ich setze Heinz zehn Minuten später ab und gehe zu Maria, ohne mich noch einmal nach ihm umzusehen.

42

„Es tut mir leid“, sage ich zu Maria.

Sie sagt nichts, geht die zwei, drei Schritte auf mich zu und umarmt mich.

„Ich wollte nur alles besser machen. Ich wollte alles gutmachen.“

„Es ist alles gut“, sagt sie.

„Nein, Alfred ist im Krankenhaus und Heinz ist alleine und du –“

„Es ist gut genug“, sagt sie, „es ist wirklich gut genug.“ Sie küsst mich auf die Wange und umarmt mich. „Komm herein. Komm einfach herein.“

„Ich würde gerne raufgehen“, sagt Maria.

„Was, in den ersten Stock?“

„Ja.“

„Ich dachte, du gehst nie da rauf?“

Sie nickt. „Jetzt würde ich gern. Kommst du mit?“

Maria ist barfuß und ich trage meine weißen Socken. Die kann ich wahrscheinlich nachher wegwerfen. Ich hätte sie ausziehen können, aber der Gedanke kommt mir erst, als ich schon in Socken auf dem Boden stehe, und jetzt ist es auch schon egal.

„Alles okay?“, frage ich.

Maria nickt und nimmt meine Hand.

Wie lange sie wohl nicht hier war? Der Staubschicht nach zu urteilen, schon lange nicht.

Ich gehe hinter ihr. Sie zieht mich hinter sich her zu ihrem Kinderzimmer. Ich achte darauf, dass ich nicht in die Fußabdrücke steige, die sie im Staub hinterlässt. Ich weiß nicht, warum, aber es fühlt sich richtig an.

Marias Zimmer war nie besonders schön, aber jetzt wirkt es noch kahler als in meiner Erinnerung. Auf dem Bett liegt zwar eine Matratze, aber keine Polster oder Decken darauf, und im Regal an der Wand fehlt ein Großteil der Bücher. Maria hatte immer viele Bücher, das hat mich damals immer gewundert, aber jetzt sind die beiden schwarzen Metallregale fast ganz leer.

Maria setzt sich auf das Bett. Eine kleine Staubwolke steigt auf. Ich spüre sofort einen Hustenreiz, den ich unterdrücke.

„Der Plattenspieler", sagt sie und zeigt auf das Regal an der Wand.

„Sollen wir ihn mitnehmen?", frage ich.

„Nein, ich würde gern hier etwas hören."

Sie geht zum Plattenspieler, öffnet die Klappe und streicht über den leeren Teller. „Glaubst du, er funktioniert noch?"

Ich stecke das Stromkabel an. Es knackt in den eingebauten Boxen. „Sieht so aus. Suchst du eine Platte aus?"

„Such du eine aus."

Ich gehe zum Regal, nehme eine Platte und ziehe sie aus dem Cover. Der Umschlag ist rot, ein Gemälde mit grob skizzierten Blumen. „*No more shall we part*“, lese ich vor, „das habe ich ewig nicht gehört.“

„Fang in der Mitte an“, sagt sie, „die erste Seite.“

Ich lege die Platte auf den Teller, bewege die Nadel zur Mitte der Platte und senke sie dort ab. Der Ton klingt schief, als könnte er jederzeit abbrechen. Nick Cave jammert – „soaked to the skin, you look soaked to the skin“, dann springt die Platte ein wenig, mitten in den Refrain – „Hallelujah, Hallelujah.“

Ich setze mich zu Maria auf das Bett.

„Schön“, sagt sie.

Wir hören eine Zeitlang zu.

„Das war Mamas Lieblingslied“, sagt sie, dann dreht sie sich zu mir und küsst mich. Ich küsse sie zurück und wir lassen uns zurück auf das staubige Bett sinken und küssen uns weiter, und dann klammert sie sich an mich und weint.

„I need twenty big buckets to catch them in“, singen die McGarrigle-Schwestern, „Hallelujah“, singt Cave, „twenty pretty girls to carry them down“, die Sisters, „twenty deep holes to bury them in“ – und dann ertönt aus dem Erdgeschoß ein lauter Knall.

43

Der Geruch, es ist als Erstes der Geruch. Es riecht nach frischem Blut, als hätte jemand ein Schwein geschlachtet. Blut hat einen rohen Geruch, ein bisschen metallisch, ein bisschen feucht.

Heinz liegt im Schweinekobel, sein Revolver neben ihm. Das Tablet hat er nicht mitgenommen. Seine Augen stehen offen und an der Wand hinter ihm kleben Blut, Hirn und kleine Knochenteilchen.

Mir wird kurz schwarz vor Augen und ich kriege keine Luft mehr. Ich stütze mich am Regal ab. Jetzt nur nicht umfallen. Ich habe noch nie einen Toten gesehen. Nur nicht umfallen. Ich spüre das Zittern aufsteigen, die Luftnot und das Kribbeln im ganzen Gesicht. Ich halte meine Hände vor den Mund und versuche, ruhig zu atmen.

Maria darf ihn so nicht sehen. Zumindest die Augen muss ich ihm schließen. Ich will nicht näher hingehen, aber ich muss sie schließen, sonst sieht Maria ihn so, mit offenen Augen, das geht nicht.

Ich senke meine Hände, schließe kurz die Augen, atme einmal durch und mache einen Schritt vom Regal weg. Ich gehe auf die Knie, auf alle Viere, ich krieche näher, langsam, und ich achte darauf, nicht in das Blut zu krabbeln, am Revolver vorbei, und dann atme ich kurz durch, greife hin und schließe Heinz die Augen. Ich schließe die Augen und sie gehen wieder halb auf. Ich schließe sie noch einmal, und wieder gehen sie auf. Es hat keinen Sinn. Sie bleiben einfach nicht zu, und ich kann nichts machen. Und ich bin obendrein noch schuld, dass er sich erschossen hat.

Ich habe ihn unter Druck gesetzt. Ich habe ihn ins Krankenhaus geschleift, und dann habe ich ihn alleine gelassen.

Sie sollte ihn gar nicht sehen. Wir rufen die Polizei und ich fahre mit ihr weg, irgendwohin. Sie soll ihn nicht sehen. Mir ist übel und schwindlig. Ich stehe langsam auf. Ich bin schuld. Ich bin nicht an allem schuld, das nicht, aber ich habe ihn alleine hierhergehen lassen, nach dem Streit mit Alfred. Ich habe mich nicht gekümmert, und dann hat er sich alleine erschossen, ohne mich, und ich konnte ihm nicht helfen.

Ich gehe ins Vorzimmer.

„Maria“, sage ich.

„Daniel“, sagt sie und kommt zu mir. „Oh Gott, wie siehst du aus, was ist passiert?“

„Maria.“

„Was ist passiert?“

„Willst du dich hinsetzen?“

„Nein“, sagt sie, „warum soll ich mich hinsetzen, was ist passiert?“

„Im Stall“, sage ich, „er ist im Stall.“

„Im Stall.“

„Ich habe versucht, ihm die Augen zuzumachen, ich habe es wirklich versucht.“

„Ist er tot?“, fragt sie. „Versuchst du mir das gerade zu sagen?“

Ich versuche, die Tränen zurückzuhalten.

Maria weint nicht. Sie setzt sich auf die Stufen und sagt: „Wie?“ Sie dreht das Handy in den Händen.

Wie soll ich das sagen? Ich habe keine Ahnung, wie man jemandem so etwas sagt.

„Wie?“, fragt sie. „Daniel, wie ist es passiert?“

Ich weiß nicht, ich weiß nicht, wie ich es sagen soll, also sage ich es direkt. Ich setze mich neben sie und will sie in den Arm nehmen. Sie rückt von mir weg.

„Der Revolver“, sage ich, „er –“

Sie steht auf und geht durch das Vorzimmer Richtung Stall. Sie sagt nichts, oder ich glaube jedenfalls, dass sie nichts gesagt hat, weil alle Geräusche sich anhören, als kämen sie von weit weg, so leise und gedämpft.

„Nicht in den Stall“, rufe ich ihr nach.

Aber sie geht, sie öffnet die Türe und geht in den Stall – und ich ihr nach.

44

Maria steht vor ihrem toten Vater und sieht ihn an. Sie bewegt sich nicht, kein bisschen, sie weint nicht, zittert nicht. Sie steht nur da und sieht ihn an.

Sie weint auch nicht, als ihre Kollegen von der Polizei kommen. Sie weint nicht am Weg, nicht in ihrem Wohnzimmer, nicht einmal, als ich sie dort im Arm halte. Sie bleibt nicht einmal lange bei mir, sie steht auf, geht im Zimmer herum, geht in die Küche, macht Kaffee und will gar keinen Kaffee trinken.

Sie spricht nichts, hält mir eine Tasse hin. Ich nehme die Tasse, sage auch nichts, weil es mir unpassend vorkommt. Warum sie nicht weint, ich weiß es nicht. Ich würde weinen, glaube ich, aber ich lasse sie, habe das Gefühl, dass ich etwas unterbrechen würde, was jetzt sein muss, und ich lasse sie herumwandern, Kaffee kochen, trinke den Kaffee, den sie nicht trinkt, und warte.

Maria setzt sich an den Esstisch. Ich bleibe auf der Couch und sage nichts. Jedes Mal, wenn ich etwas sagen will, beiße ich mir auf die Lippen und warte.

„Weißt du“, sagt sie nach ein paar Minuten und nimmt endlich einen Schluck Kaffee, „erschießen, das passt zu ihm.“

Dann sagt sie wieder nichts. Ich zähle im Geist bis zehn, bis zwanzig. Sie geht zum Wandschrank über dem Fernseher, nimmt eine Flasche Schnaps heraus und gießt sich ein wenig davon in den Kaffee. Sie hält mir die Flasche hin. Ich hasse Schnaps, aber ich nehme die Flasche, schütte mir einen Schluck in den Kaffee und wir prosten einander zu.

„Ich sollte traurig sein“, sagt sie, „oder?“

Ich weiß nicht, was ich sagen soll, also sage ich das Einzige, was mir einfällt: „Ich weiß nicht, Maria.“

„Ich auch nicht“, sagt sie.

Sie steht auf, läuft ein paar Schritte durchs Zimmer, setzt sich neben mich. Sie nimmt meine Hand.

„Ich weiß es nicht“, sagt sie.

Ich drücke ihre Hand und lege ihr die zweite Hand auf den Rücken. Sie legt sich hin, den Kopf auf meinem Oberschenkel.

„Wie fühlst du dich?“, frage ich.

„Gar nicht. Ich bin nur leer.“

„Mhm.“

„Ist das okay? Dass man sich so fühlt?“

„Ich glaube schon.“

„Was machen wir jetzt?“

„Keine Ahnung.“

„Kaffee mit Schnaps trinken“, sagt sie.

„Ja.“

„Schmeckt beschissen.“

„Sehr.“

„Gib mir noch einen Schluck.“

Sie hebt den Kopf ein wenig und ich halte ihr meine Tasse an die Lippen.

45

Ein paar Tage später fahren wir abends zum Grab. Der Erdhügel ist frisch, kaum Blumen, keine Gestecke. Maria steht vor dem Grab, ich zwei Schritte hinter ihr.

Neben dem Grabstein stehen drei rote Kerzen mit Blechdeckeln. Einer davon ist deutlich zu klein und die Flamme ist ausgegangen. Ich gehe zur Mülltonne und suche einen passenden Deckel.

Maria nimmt ihn mir ab, zündet die Kerze wieder an und setzt den neuen Deckel darauf. Sie nimmt noch eine Handvoll Erde vom Grabhügel und lässt sie durch die Finger rieseln, dann dreht sie sich um.

„Sollen wir?“, sagt sie.

Wir gehen zu Frau Gerlinde. In der Nacht war es kalt, die ersten Tage mit Temperaturen unter null, und der Boden ist eisig.

„Willst du nach Hause?“, frage ich.

„Mal sehen.“

Mitten im Wald, nahe dem alten Baum, hält Maria am Straßenrand.

„Nur kurz“, sagt sie, dann steigen wir beide aus und gehen den Weg hinauf zum Baum.

Ich muss aufpassen, trotzdem rutsche ich mehrmals aus und stürze fast.

Maria lacht. „Pass auf“, sagt sie, „sonst kannst du gleich mit ins Heim ziehen.“

Sie geht voran, viel schneller als ich, und sie steht schon beim Baum, als ich ankomme.

Wir stehen eine Zeitlang schweigend nebeneinander. Die Aussicht ist heute nicht gut, man kann vor lauter Nebel kaum etwas sehen, aber es ist trotzdem schön.

„Wie geht es dir?“, frage ich.

Maria nimmt meine Hand, sagt zuerst nichts, und dann, nach ein paar Atemzügen: „Schon okay.“

„Ich habe ein Geschenk für dich“, sage ich.

„Und was für eines?“

Ich hole Nagelring aus dem Rucksack und halte es ihr hin, den Griff voran.

„Das kann ich nicht annehmen“, sagt sie.

„Doch“, sage ich.

Sie nimmt das Schwert und küsst mich. „Du hast aber kein neues Zauberschwert gewonnen, wie Dietrich.“

„Das macht nichts.“

„Und du weißt schon noch“, sagt sie, „wie die Sache mit Heime und Dietrich ausgegangen ist?“

„Das kann ich riskieren.“

David Fuchs, geboren 1981 in Linz, ist Autor, Onkologe und Palliativmediziner. Für sein Debüt „Bevor wir verschwinden“ (Haymon 2018) wurde er mehrfach ausgezeichnet und stand auf der Shortlist für den Österreichischen Buchpreis. Darüber hinaus erhielt er 2018 den Feldkircher Lyrikpreis sowie den Alois Vogel Literaturpreis.